UPGRADE
ECONOMY
AS A
SUPERPOWER

经济升级的
大国思维

黄志凌 著

UPGRADE
ECONOMY
AS A
SUPERPOWER

人民出版社

目　录

代　序
战略重心应聚焦于经济升级

中国经济面临的主要矛盾是低端产能过剩、高端产能不足，宏观经济战略目标应该是努力促进经济升级，尤其是工业升级。工业升级受制于技术进步、装备工艺、材料性能、工人素质与劳动技能等，而这些都需要大量的研发投入、装备更新、劳动培训，产品质量标准提高也会增加成本支出。如果政策制定与操作偏离"去产能""降成本"的宏观意图，只是一味简单（或单向）压缩产能，而不是在压缩低端落后过剩产能的同时通过必要投入升级制造业技术水平，甚至驱使企业压缩必要的发展支出来达到即期降成本效果，结果只能是进一步固化低端产能，与工业升级的目标背道而驰。

客观看待 2012 年以来关于中国经济问题的争论，表面上是"过剩"矛盾突出，例如产能过剩、M_2 过多、杠杆率过高、企业亏损增加，宏观经济政策的关键词似乎应该是"刺激需求"或者"减降供给"。然而，表面"过剩"的背后掩盖着大量的结构性矛盾，大量潜在有效需求没有得到满足，低端落后产能过剩与高端先进产能不足并存，高端先进产能领域里"核心技术短缺"尤为显著。因此，简单依靠"减降供给"的行政手段来减少产能绝对值、提升所谓的产能利用率并不能达到结构调整的初衷。

从市场上来看，2015 年我国人均 GDP 超过 8 000 美元，尤其是在一线城市、东部沿海地区不断壮大起来的中产阶层，对生活品质要求迅速提高，居民消费需求结构与档次基本接近发达国家水平，已经从"基本可用"的低端水平向"更优更好"的中高端水平迈进，而消费品供给结构与档次的调整升级缓慢，出现了供给制约消费需求实现的特殊矛盾。国内的需求不能得到有效满足，故而纷纷转向国外市场"爆买"。从日常消费品、耐用消费品到高端消费品，这种现象普遍存在。根据国家统计局数据，2015 年我国居民出境旅游 1.2 亿人次，在海外消费金额达到 1 045 亿美元，分别比上一年增长了 12% 和 16.7%。

回顾改革开放以来的中国经济战略重心变化，20 世纪 70 年代末至本世纪金融危机爆发之前的三十年间，中国经济战略关注的重心是解决"有与无"的生存问题，依托不受限制的中低端技术引进、充裕的低劳动力成本优势，迅速成长为"全球制造业中心"。然而，所谓的制造业大国，在全球制造业产业链和价值链中仍处于中低端，拥有核心技术、创新能力、先进服务模式的企业较少，更重要的是，大部分企业长期以来已经习惯于低成本的技术模仿和粗放的市场占有率为目标的经营模式，对研发投入动力不足、重视不够，对市场需求结构升级变化反应迟钝。这种以模仿、"山寨"为基础的制造体系，不仅无法满足日益增大的高端市场需求，还导致日益严重的低端产能过剩。有效供给能力不足的结果是，本来旺盛的现实消费，要么"储币待购"，要么通过境外购买来满足，产生"需求外溢"。不仅工业品如此，农产品同样如此。中国以满足温饱为目标的粮棉油糖、肉蛋奶、果蔬茶、水产品等主要农产品产量连年快速增长，总体呈现过剩状态，但安全、绿色、高品质、高附加值农产品供给严重不足，现有农业供给结构僵化与居民消费需求结构快速升级不相适应的矛盾日益凸显。

金融危机以来，内外部环境变化迫使中国经济转型升级，目前正处在产业结构调整与消费升级衔接的交汇点上，经济战略重心必须聚焦于通过技术进步推动供给结构升级，促进产品生产由中低端转向中高端，实现经济整体升级。无论是对当前经济稳定，还是未来长远发展，全面启动技术升级战略，都是非常有必要而且非常紧迫的。一国经济在全球的竞争力，不仅取决于经济总量的大小，更取决于经济的技术水平和技术含量。大量分析表明，西方发达国家科技进步对经济增长的贡献率普遍在 80% 以上，而中国目前科技进步对经济增长的贡献率还不到 50%；科技进步对经济增长贡献率偏低，拉大了中外经济效率的差距；目前中国单位 GDP 能耗是世界平均水平的 2 倍，美国的 3 倍，日本的 6 倍，还高出巴西、墨西哥等发展中国家水平。如果通过技术进步使中国单位 GDP 能耗达到世界平均水平，GDP 总量在现在基础上可提高 36%；如果达到美国能效水平，可提高 70%；达到日本能效水平，可提高 170%。

提升供给能力，增加有效供给，不仅取决于技术和装备水平，还有一个商业模式的问题。从市场表现来看，互联网商业模式已经显示出方向性趋势，中国在这方面已经有了一个很好的起步，走在了世界的前列。推进商业模式变革，保持商业革命全球领先势头，对中国未来经济升级战略至关重要。

现今社会各界还是主要从激活市场的角度来看待互联网商业模式，这种对商业模式革命重要性的认识远远不够。商业模式革命不仅对潜在消费需求唤醒，提升供给能力具有重要作用，对整个经济运行效率的提升也极具重要作用。中国与西方发达国家在经济运行效率方面的差距明显缩小，商业模式革命无疑起到了重要作用。仅从物流运行效率来看，由于互联网商业模式革命的大力推动，社会物流总费用与GDP的比例在2011年至2013年间从18%左右下降到15.2%，与美国、日本、德国的差距不断缩小。当前，中国社会物流总费用与GDP的比例只比美日等发达国家高大约6个百分点，按照这一趋势发展下去，物流运行效率将很快赶上甚至超过发达国家水平。

从潜力上来看，中国网络零售交易额市场占比还较低，2013年网络零售交易额占社会消费品零售总额比重为7.78%，2014年增长至9.39%，互联网商业发展空间巨大。还应该看到，市场供给方式落后，供需信息不对称，导致了大量的潜在消费需求处于睡眠状态。传统商业模式不仅存在流通环节多、效率低、成本高等困惑，而且完全依靠实体网点的零售模式存在经营时间与空间限制，即使是最大购物中心陈列商品也是有限的，消费者无法及时得到全部商品信息、无法比较同一类商品的质量、功能与价格，商家找不到顾客，消费者不知道在哪里能买到心仪的商品，大量的潜在消费需求无法转变为现实消费支出。继续推动互联网商业革命，推进商业模式演进，对激发、唤醒潜在需求，提升经济运行效率等带来的影响将是革命性的。

因此，必须坚定推进商业模式变革，使之成为经济转型助推剂、润滑剂。新一轮以电子商务为代表的商业革命，极大冲击传统商业模式，对缩短服务链条，加速流通，降低物流费用和经济活动成本，激发消费潜力，唤醒消费需求，提升经济运行效率，提供就业，拉动制造业发展，带动经济深化等，起到巨大促进作用。应继续出台措施加速推进商业革命，推进电子商务、信息消费、移动支付、物流仓储以及各种便民服务、便利店、便民店发展，保持商业革命全球领先势头。"互联网+"、电商等新模式迅速发展，有利于促进消费稳定和结构升级，还可以培育新的消费热点，甚至在扩大内需从而促进经济增长方式转换方面起到积极作用。

应该看到，政府已多次部署推进消费扩大和升级，促进经济加速转型。尤其值得关注的是网购对农村市场持续渗透，电商实体渠道不断下沉，加速了农村市场的开拓。2015年以前，电商布局农村市场，更多是将线上产品引入农村；预期未来，重点解决农村"卖出去比买进来更迫切"的问题。农产品进城的痛点在于村民缺乏销售上架和运营能力，村镇特色产品无法外售。艾瑞咨询通过对于主流电商平台的战略布局研究发现，依托电商渠道下沉，农村电商扮演的角色，既是消费市场又是生产源头。在这方面，苏宁开展的农村电商战略布局最为清晰，采取"工业品下乡+农产品进城"的双向模式，辅以针对农村地区的金融服务。

总之，促进中国经济升级应该成为现实和未来宏观政策的重心所在，应通过"补技术水平之短板"提高全要素生产率，通过"补核心技术之短板"提升核心竞争力，通过"补商业革命之短板"构筑现代市场经济基础。

第一章

中国经济正在升级，观察思维也要转变

2012 年来，国内外市场分析师、经济学家对中国经济形势有诸多认识分歧，都与是否看到中国经济发生的基础变化有关。中国经济已经不再是简单上行期，抑或是一个下行期的概念了，我们可能步入了一个新的时期。换句话说，中国经济已经发生了深刻变化，如果我们的思维和观察方法不变，必然会产生很多争议；如果能认识到中国经济已经发生的变化，观察与思维也跟着改变，很多的认识就能达成共识。面对正在形成的经济升级趋势，政治家、企业家、银行家如果没有敏感察觉，甚至无视这种变化，有可能迷失方向，错失战略机遇。这是我 2015 年以来一直在思考的问题，不一定具有学术价值，但却是智库经济学家不容回避的。

一、我们正处在一个地位转变和结构转换的特殊时期

2013 年以来，中国经济形势越来越成为全球热门话题之一。

虽然原因很多，但中国经济地位的变化可能是最主要的。过去十几年（2000 年以来），中国经济在世界经济格局中的位置发生了巨大变化。2008 年金融危机之前，中国在全球经济总量中所占比重较小，对全球经济的影响较为有限，外界关心的是中国改革开放程度与前景，很少有人关注中国经济波动对世界的影响。但本次金融危机之后，尤其是"4 万亿"经济刺激计划付诸实施之后，中国经济在全球的地位一下子凸显出来，一跃成为全球最大的贸易国家，并超越日本成为全球第二大经济体，许多经济指标都变成了世界第一，比如一些工业品和农产品产量，许多大宗商品需求等也变成了全球第一，又比如铁矿石、石油等。随着中国经济在全球地位的变化，经济增速已经变成了影响全球的大事。2008 年金融危机的时候，经济增速从 10%以上跌到接近 6%，国际市场都没有太大反应，但现在中国经济增速每下降 0.1 个百分点都会引起全球市场的紧张、每恢复 0.1 个百分点也会在市场迅速引起反应，经济增速的细微变化和波动都会引起业界激烈的争论。最近几年，世界对中国经济特别关注，以至于美联储的货币政策都要考虑中国因素，这是前所未有的。

回顾经济观察史不难发现，在经济周期的不同阶段，人们对经济状况的普遍认同感各具特点。当经济处在上行期时，人们对形势的判断往往不存在方向性分歧，只是对上行程度认识不同，大家关注的是上行期能持续多久、是否存在泡沫。同样，如果经济处于下行期，例如经济危机期间，很人们关注的是下行的破坏力有多大、经济衰退到底要持续多久。观察过去的 15 年（2001—2015），我们发现中国经济有几个不同的时期。应该说，每个时期经济运行都表现出不同的特点，人们对经济形势的认识和看法也应随之变化。中国经济自 2000 年一直到金融危机之前，是一个持续的上行期，尽管其间增速有所波动，但很少有人会认为中国经济的方向会发生逆转，即使 2007 年美国次贷危机爆发的时候也很少有人认为会发生方向性的改变。2008 年全球金融危机爆发之后，中国经济也受到了严重冲击，出现了剧烈波动。2012 年中国经济出现战略转折，从 2012 到 2015 年，连续 16 个季度经济都在 7%—8%的区间内窄幅波动运行，既不是上行期，也不能说是下行期。但人们对这种"不上不下"的经济走势充满了疑虑。

仔细观察，虽然 2012 年以来中国经济增速在狭窄的通道内平稳运行，但人们既可以找到很多衰退的行业，也可以发现许多前所未有的经济亮点，处在这么一个特殊的结构转换时期，认识分歧在所难免。尤其在 2012 年经济增速跌破了 8%的"新世纪习惯保底线"、2015 年第三季度经济增长击穿了 7%的"社会心理底线"后，市场上弥漫着"悲观"情绪。有些观点认为经济还要持续下行，可能会跌到 6%、5%，甚至更极端的认为会到 3%。但也有观点认为中国经济保持 8%左右的增长速度是必要的，也是可能的。我认为，在结构转换时期，观察经济形势既要看 GDP 增速变化，还要看增长的推动力量以及增长结构，借以判断这种增长趋势是否可持续。透过这样一些结构性观察，更容易得到对中国经济的真实认识。

二、 中国经济正在发生质的变化，结构升级显而易见

一般来说，如果处在经济上行期，大部分行业和企业都是蒸蒸日上。金融危机之前的几年，中国的农业、制造业、服务业等几乎所有行业一片欣欣向荣。但是在经济危机时期，即使是好的、有竞争力的行业，也会受到严重的挫折。然而，观察目前经济数据，我们发现经济指标有"好"，也有"坏"，有些行业连续几年快速增长，而且高于一般经济增长速度，有些行业出现困难甚至萎缩。这种行业好坏并存的现状，表明中国经济和产业结构正在发生细微但深刻的变化。

1.高能耗及低端产能过剩行业的微观指标持续低位运行，表明结构调整正在坚定而且不断深入

目前大家感觉比较悲观、指标持续恶化的，大部分是高耗能、低端产能过剩和劳动密集型行业，六大高耗能行业的产值增速和利润增速放缓，对整体工业增速产生了较大影响，但这些行业增长速度的减缓恰恰反映了经济结构调整的逐步推进；这些行业的严峻形势，从另一个层面来说是好事。如果这些行业继续维持金融危机之前的增长速度，表明经济结构仍未改变、经济增长方式仍未转换。

2.高技术产业逐渐成为经济增长新动力，显示结构升级步伐已经启动

2014 年以来，高技术产业的发展速度一直快于整体经济增长速度。金融危机之后制造业从中低端向中高端转型升级，高端制造

业增速始终高于工业增加值增长速度。2015 年上半年计算机、通信设备制造业利润增长 19%，医药制造业利润增长 13.5%；在国际市场需求萎缩的情况下，机电产品和高新技术产品的出口继续保持正增长。透过这些数据，我们可以看到高新技术产业逐渐成为经济增长的新动力，中国经济结构升级的步伐正在加快。支撑工业转型升级的高端细分行业保持较快增长，以 2015 年 7 月份数据为例，航空、航天器及设备制造行业增加值同比增长 34.6%，城市轨道交通设备制造增长 19.7%，通信设备制造增长 15.5%，雷达及配套设备制造增长 12.8%，电子器件制造增长 13.1%。符合消费升级方向的新兴产品快速增长。同样以 2015 年 7 月份数据为例，运动型多用途乘用车（SUV）增长 32.9%，新能源汽车增长 3 倍以上，动车组增长 104.7%，智能电视增长 47.1%，智能手机增长 31.7%，光纤增长 47.6%，太阳能电池（光伏电池）增长 21.7%，光电子器件增长 21.5%。高新技术产业的蓬勃发展，表明制造业正在从中低端向中高端转型。

亚洲开发银行发布的《2015 年亚洲经济一体化报告》显示，中国在亚洲高端科技产品出口中所占份额从 2000 年的 9.4% 升至 2014 年的 43.7%，位居亚洲第一，以高铁、核电和卫星等为代表的中国高端科技产品深受亚洲各国的欢迎。这标志着中国在高科技领域的突破正越来越受到国际社会的认可，中国高端科技产品在国际上的影响力日益增加。报告中的产品是指制成品，按照国际标准产业分类被分为 4 个等级，分别是高端科技产品、中高端科技产品、中低端科技产品和低端科技产品。具体而言，高端科技产品是指航空航天设备、办公器械、通信设备、医学和精密仪器等。报告还指出，2014 年低端科技产品出口占中国出口的 28%，而 2000 年则占到 41%。

3. 消费逐渐成为经济企稳的最重要和最坚定的支撑力量，经济转型趋势正在确认

消费在经济增长中正扮演越来越重要的角色，消费领域的很多细分行业的增速都超过了整体经济增速。以餐饮业为例，2012 年年末由于"八项规定"出台限额以上企业餐饮收入出现了急速下跌，但 2015 年增速已经恢复到 10%左右，显示消费开始成为经济增长新的驱动力。有证据表明，中国的消费支出正在平稳增长，轨道交通客运继续维持 10%的快速增长，移动设备上网流量成倍增长，电影票房收入增幅超过了 50%，社会消费品零售总额持续保持较高增速。尤其令人欣喜的是，"互联网+"战略初见成效，互联网经济在 GDP 中占比持续攀升，2014 年达到 7%，占比超过美国，全国网上零售额增速一直保持在 40%左右，网络购物用户规模达 3.61 亿人，网络零售交易额规模达 2.8 万亿元，占全社会消费品零售总额的比重已达到 9.8%，并已超过美国成为全球最大的网络零售市场。国家统计局调查显示，22%的新增需求因网络购物产生，一半多的网购用户增加了消费支出。我在 2014 年曾经做过一个分析，在传统的商业模式下，有需求的人不知道到哪买商品，卖商品的人不知道需求在什么地方，电子商务在一定程度上解决了供给机制的问题，这是电子商务迅速发展的原因之一。透过电子商务可以看到小企业的复苏，百度根据人们点击小企业链接的频率开发了一项指标，反映网民对中小企业的关注度以及市场需求，指标

数据显示 2010 年以来，网民对中小企业的关注度开始恢复、市场需求开始复苏。阿里巴巴集团开发的购物车价格指数也显示，2015 年 8 月所有网售商品的价格增长 7.4%，在阿里巴巴追踪的 10 个品类中，包括收藏品和金融服务在内的品类同比增长 14.1%，娱乐和教育增长 13.7%，食品增长 13.1%。

消费结构升级的另一个体现是民航客运量的快速增长。理论与实践分析都表明，只有一个高层次的经济体才有大量航空运输的需求，美国民航业发展速度一直很快，是和美国经济层次有关，而低收入国家、中等收入国家受制于经济层次，航空业发展始终上不去。

从一个新的角度来观察中国经济，我认为经济增长基础正在发生积极变化，市场力量正在增强，而且强得有些出人意料，政府在资源配置中的地位和作用正在逐步弱化；当前经济增长并不是像总量数据反映出来的那么悲观，主要宏观经济指标尽管仍有下行压力，但趋于稳定的迹象比较明显。更重要的是，在经济结构转换过程中，社会经济质量提升明显，无论是教育、医疗、社会保障，还是污染物排放、空气质量达标天数等指标，与以往相比都有明显提升与进步。

三、经济升级之后应该培养"大国经济"的思维习惯

中国经济的变化不仅体现在结构转换上，从量级上来看，也已经由小型经济体变为大型经济体。用发展的眼光来看，随着经济体体量的增加，中国经济在增长规律、调控方式等方面都呈现与以往

不同的特点，一些传统上行之有效的认识、策略突然变得无效，一些习以为常的数据规律也在产生变化，人们在面对不同于以往的经济数字、经济形势时往往会产生认识上的分歧，对政策制定和市场行为都产生了影响。因此，针对"大国经济"的观察要区别于小国经济，必须用大国思维来管理经济。要充分把握"大国经济"下经济运行和数据的新特点，提升宏观调控能力，尤其要避免认识上的混乱带来行为上的偏差。

一个开放的大型经济体，必须要考虑随之产生的外部"溢出效应"。当经济体量较小时，国际市场对我国外贸出口的波动并不敏感，而目前我国已成为全球最大的贸易国家，如果经济增长依旧靠出口来拉动，这显然是全球市场不能承受之重。大型经济体在汇率、利率、货币储备等方面，任何举动都会在全球市场产生巨大影响。美联储2008年推出的量化宽松政策，不仅影响了美国经济，更波及了全球经济走势。再如，2015年中国的人民币汇率调整，股市大幅波动，也对全球产生了深刻的影响。

大国经济更加考验管理者的智慧，必须要有经济战略纵深的考量，应该立足于国内市场，解决好自身存在的问题，降低外部依赖，减少国际对抗。因为大型经济体之间一旦出现经济对抗，后果将是灾难性的。中国作为大型经济体，首要任务是经营好国内市场，而不是将希望都寄托在国际市场上，要坚定不移地推动由外需转向内需、由投资转向消费的战略转型。大国经济的利益分配和资源配置也有别于小国经济，必须靠市场配置资源，不能照搬过去政府主导的经验。大型经济体更讲求平衡之道，美、欧历来非常重视整体经济的平衡，日、韩由于无法建立本国的经济平衡，故而始终忧心忡忡。建立适合中国特点的国家治理体系，速度效益，不可偏颇；内部外部，需统筹考虑。即使是结构调整与增长方式转换，也不能毕其功于一役，应该尊重市场规律。基于对金融危机之后中国经济运行经验教训的观察，我认为中国经济的平衡之道至少包含以下几个思维理念。

1. 更加注重规模平衡，高度警惕缺口风险

大型经济体应该是一个自我平衡体，一旦出现了缺口一定要想办法填补，否则就会产生一系列连锁反应。中国经济遇到的一些问题，与缺口管理不到位有关。缺口之一是净出口下降产生的缺口。金融危机之后，净出口对 GDP 贡献不断下降，甚至出现了负贡献。刚开始的时候，我们主观上判断可以通过拉动内需来填补净出口所产生的缺口，但对于如何从战略转换上启动内需并没有前瞻性考虑，以至于大量短期应对措施仓促上阵。例如"4 万亿"投资计划。缺口之二是投资缺口。2009 年第四季度开始实施的"4 万亿"投资计划，到了 2011 年突然急刹车，导致投资缺口出现，形成巨大的纵向市场收缩与横向波及效应。2010—2014 年，投资增长速度不断下降，尤其是政府投资突然减少，投资对经济增长的贡献逐步减弱。而观察美国在经历 4 轮量化宽松政策（QE）后，退出 QE 以及之后的加息是一个非常缓慢的过程。缺口之三是消费缺口。从道理上说，在出口萎缩、投资下行的情况下，必须通过增加消费来弥补缺口。2012—2013 年，控制政府消费性支出是完全正确的抉择，但我们没有同步启动私人投资与居民消费来弥补由此形成的缺口，而这个缺口一直到 2015 年才由居民消费所弥补。

2. 更加注意总量和结构的平衡

大国经济体不仅有总量的问题，更有结构的问题。有时会出现结构不合理，甚至在总量过剩的情况下的结构性短缺。观察大国经济不能简单地看几个总量指标，要透过总量看结构。以钢铁产能过剩为例，2013 年全国钢材产量为 10.7 亿吨，受制于技术水平，钢材出口量仅为 6 234 万吨，但同时还有大量高端钢材依靠进口，如新能源汽车、高铁、大飞机、航天、船舶等重点领域的关键钢材，高标准模具钢、特种耐腐蚀钢等高端钢材产品等仍然不能自给。类似的情况也普遍存在于许多其他行业。我国目前是低端产能过剩，高端产能短缺，仅仅控制总量，解决不了问题。从升级产能结构来看，政策选择应该是有保、有压，有增、有减，总而言之，大国经济不能简单化。

3. 注重借鉴西方经济理论与经验和走中国特色道路的平衡

很多人拿西方经济的理论来衡量中国经济的现实，也会产生"水土不服"。以去杠杆的政策建议为例，判断宏观经济的杠杆率是否过高，是一个非常困难的抉择，不同经济增长阶段、不同宏观经济环境，都会产生不同的杠杆特点。但一些研究报告不考虑中国实际情况，直接拿中国的数据与欧美等发达国家进行比较，一旦某个或某些指标的数值与国外有较大差异，就得出杠杆率过高的结论。实际上，中国经济负债率高，有金融结构方面的原因，不能采取急功近利式的一次性去杠杆。考虑到中国面临很严重的通货紧缩现象，如果杠杆率在短时期内下降到西方学者给出的经验数据，可能出现严重的经济危机。杠杆率的调整应该是一个漫长的持续性的过程，例如日本的杠杆率一直很高，但从来不敢轻言去杠杆。

4. 注重市场力量和政府力量、传统干预方式和市场预期管理的再平衡

作为大型经济体，在已经全面融入国际市场的情况下，必须遵守国际市场的有效经济规则。中国改革开放实践证明，市场化方向不可逆转，经济总量达到一定高度之后，政府的主导地位必须逐渐淡出，市场将扮演基础角色。日本、韩国曾经如此，中国亦会如此。处理好市场与政府的关系，首先是政府要逐渐退出竞争性经济领域，让市场在资源配置方面发挥基础作用，同时转换政府职能，解决政府管理缺位和不到位问题。

对宏观经济的常态调控还应该借鉴预期管理方法，如果经常采取让市场措手不及的神秘管理政策，会放大宏观经济的不稳定，也难以取得预想的效果。直接调控的成本代价太高，有时会带来一系列后遗症，大型经济体在市场发挥基础作用的时候，更应该注重预期管理，引导市场的预期。金融危机之后，美联储的一个重要经验就是前瞻性指引。对开放的大型经济体而言，预期管理比直接干预更加有效。

适应自身经济形态和经济地位的变化，我们除了培养大国经济思维理念以外，还要重点关注以下三个战略性问题：

一是真正实现经济结构与增长方式转换，关键是经济升级，并将工业升级提升为国家长远战略。经济要升级，工业能否升级至关重要，中国正处在产业结构调整与消费升级换代的交汇点上，怎样适应国内消费需求发展趋势，升级供给结构；提升产品档次和技术含量，促进工业品生产由中低端转向中高端，是经济转型的重中之重。提升有效供给能力的关键是高端装备制造业的技术升级换代，这种升级换代战略可以起到"一石三鸟"的作用，一是拉动投资需求，二是通过创新产品唤起市场潜在消费需求，三是增强国际市场竞争力。政府应主动选择战略性产业，加大技术更新投资力度，提升企业家信心，拉动企业投资，增加有效供给，激活潜在需求。

二是要抛弃简单经济周期规律的行业复苏幻想。记得安邦咨询曾经分析，始于 1974 年席卷美国和欧洲主要工业国家的"钢铁危机"，是工业化国家钢铁业结构性变化的标志。危机之初，很多人认为，这只不过是钢铁行业的又一次周期性下跌，但是这次钢铁危机的剧烈程度超过了所有人的想象。英、美、德、法等国钢铁产量下降近 50% 并伴随大量工人失业。尽管 20 世纪 80 年代之后世界钢铁业又经历了几次复苏，但是这些工业国家钢铁业就业人数再也没有恢复到危机前的水平。随着我国迈入开放的全球化时代，尤其是经济升级之后，过去的规律和经验可能失效，要抛弃对历史规律的幻想，钢铁行业是这样，其他行业也是如此，很多传统行业很难再回到往日的辉煌了。

三是着力提升微观经济活力与引导企业家预期。微观活力不是简单依靠政策刺激能解决的问题，关键在于引导企业家的预期。有些外国企业家已经看到中国经济的变化，并在筹谋布局，但国内的企业家却普遍感到悲观，宏观管理怎么引导企业家的预期至关重要。在大国经济、开放的市场体制下，已经不能再靠"发指示，做计划"来刺激经济，而是要努力通过引导企业家预期激活微观经济。

政策制定部门尤其要避免对市场麻木不仁，更不能总是逆市场而动，如果市场持续呼唤某些政策出台，必然有其原因，应该在深入分析、积极甄别、科学论证之后从善如流，恢复市场信心。

附一：

必须用大国经济思维理解亚投行*

2016 年 1 月 16 日，亚洲基础设施投资银行（亚投行）正式开业。2013 年 10 月习近平提出筹建亚投行的倡议，迄今只有两年多的时间，并且得到广泛的关注与响应。前所未有的组建速度与广泛的参与热情，打消了一个时期以来国际社会对亚投行的种种猜疑与误解。

第一，金融危机之后，新兴市场国家面临着日益严重的基础设施落后的瓶颈约束，而发达国家基础设施老化、亟待更新的压力也越来越大，已经成为全球经济恢复的重要制约因素。亚投行从倡议、筹建到运作，都是力图解决新兴市场基础设施瓶颈约束和发达国家基础设施更新的资本难题。这是一个解决共同难题的金融组织，是利益共同体，是全球性基础设施建设投资机构，而不是一个区域性的、或者专门服务个别国家的金融工具。

第二，由于基础设施建设的资本需求巨大，现有商业金融机构和国际金融组织都难以满足，大型经济体的国际金融合作就显得尤为迫切。已有的磋商实践和未来的发展战略，都将证明亚投行不是

---

* 人民网 2016 年 1 月 16 日署名文章。

一个取代性的国际金融机构，而是一个与现有国际金融机构在能力与功能上相互补充的新生力量。多边的多元化的金融合作将是亚投行的最重要特色。

第三，尽管世界经济发展面临一系列困难，地缘经济利益矛盾也比较突出，但国际经济合作仍然是主流呼唤，大型经济体更加意识到肩负的国际责任。在这种背景下，亚洲和欧洲的主要经济体组建的亚投行不可能成为一个拉帮结派的对抗性的金融组织，而是立足于解决全球最迫切的现实经济需求与长远发展愿景的战略投资机构。否则的话，就很难有目前的参与广度与热情。

第四，当前世界经济既面临普遍的产能过剩和资本过剩问题，也存在大量欠发达国家的需求缺口难以满足问题。解决这种结构性矛盾，不可能再像 18 世纪至 20 世纪那样为了输出资本、瓜分市场设立一些狭隘的金融工具。亚投行设立的初衷就是为了最大限度惠及项目所在地国民利益的多赢金融安排。这也是亚投行设立时许多欠发达国家和众多发达国家的共识。

第五，由于历史积累的发展水平差异，新兴市场国家与发达国家的金融技术水平差距很大。亚投行为此在治理机制方面作出了很多特殊安排，确保项目运作过程中最大限度地吸收借鉴发达国家成熟的金融理念与规则、先进的金融技术与方法，有效提升新兴市场国家的金融技术水平。这也是中国和许多新兴市场国家积极参与、推动亚投行尽快运作的重要动力。

也就是说，我们必须用新世纪的大国经济思维来理解亚投行的设立与运作。

附二：

全球能源互联网彰显大国思维*

习近平在联大发展峰会上，倡议探讨构建全球能源互联网，推动以清洁和绿色方式满足全球电力需求。这是站在世界高度，面对经济社会发展新形势和世界能源发展新趋势，提出的中国倡议，对于全球经济复苏与中国经济转型、推动能源革命与应对气候变化，都将产生强大作用。

经济新表征

能源是经济发展的命脉，此前很长一段时间，能源的生产量与消费量都被作为经济发展状况的表征，也就是能源消耗越多，表示经济态势就越好。近来，这一表征正在发生变化。

用电量一直是反映经济增长的重要指标之一。根据国家能源局公布的数据，2015 年，全社会用电量 55 500 亿千瓦时，同比微弱增长了 0.5%。其中，第二产业用电量 40 046 亿千瓦时，同比下降 1.4%；第三产业用电量 7 158 亿千瓦时，同比增长 7.5%；城乡居

---

* 《能源评论》2016 年第 4 期署名文章。

民生活用电量 7 276 亿千瓦时，同比增长 5.0%。

如果依据一贯的评判标准，表面的总量数据的确严峻，但是如果结合经济结构来看，在第三产业成为经济主导、高能耗行业处于持续收缩的大背景下，用电量的增速变化就可能是第三产业占比提高、工业转型升级加快、能源利用效率提高的结果。2015 年单位 GDP 能耗同比下降了 5.6%，也体现了节能降耗取得的新进展。

所以说，能源不再单纯以数量上的增长体现经济发展，而是反映了经济结构正在发生的变化和未来的走向，具备了新的表征作用。由此，把握能源发展趋势，就成为中国经济战略转型顺利与否的重要课题。

能源新趋势

能源在经济系统中发挥着基础性作用，人类能源使用方式和技能的提升以及新能源种类的出现，都与生产生活的进步相伴相生。站在当下这一时点展望，能源或将面临以下几大新趋势。

第一，在一次能源消费中，非化石能源的占比将逐步加大，甚至可能最终替代化石能源。非化石能源，包括核能以及风能、太阳能、水能、生物质能、地热能、海洋能等可再生能源，提高其在总能源消费中的比重，能够有效降低温室气体排放量，保护生态环境，降低能源可持续供应的风险。随着技术进步和大规模生产，此前制约清洁能源发展的经济性问题也在持续改善。2014 年，中国风电发电成本已降到每千瓦时 0.37—0.45 元，光伏发电成本降到每千瓦时 0.68—0.8 元，且仍有较大降幅空间。储能成本则可能降低到目前的 1/5。所以，非化石能源在既有优势的基础上，将具备更为显著的经济性，竞争力有望超过化石能源，甚至可能替代后者。

第二，化石能源的动力属性将逐渐消退，回归原料属性。煤炭、石油、天然气等化石能源本身同时具有动力属性和原料属性，过去发挥较多的是动力属性，即通过燃烧直接提供动力。今后，在非化石能源的替代作用下，化石能源都将更多地被用作化工原料，煤化工、石油化工、天然气化工等领域将迎来更广阔的前景。

第三，能源产生的动力将日益电力化。将来经济运行所需的动力，可能全部来自电能。非化石能源本身不具备经济意义上的动力属性，必须转化为电能传输出去，化石能源的动力属性将逐步消退，而电能是实现能源消费高效、清洁利用的有效途径，因此动力结构优化为电力是必然趋势。例如，火车已经从过去烧煤的蒸汽机车升级为电力机车；现在大多数汽车依靠汽油提供动力，将来电动汽车将成为主流。

第四，能源消耗有减有增。工业生产单位产值的能源消耗必然下降，这也反映了一个国家的经济发展水平。中国单位 GDP 能耗是世界平均水平的 2 倍，美国的 3 倍，日本的 6 倍，还高出巴西、墨西哥等发展中国家水平。因此，降低单位产值能耗，即提高能源效率非常必要。同时，随着经济的持续发展，居民的电力消耗则会持续增加。由于生活中电气化水平的提高，从最初的电灯泡，到电视机、电风扇、电冰箱，再到空调、电脑、吸尘器，不一而足，越来越多家用电器的使用，将使居民用电量相应增加。按照发达国家的经验判断，中国目前的居民用电量是相当低的，仍有较大提升空间。

第五，从电力生产到电力消费，电力供求将日益精准化、精细化。电力需求和电力供给之间的不匹配是一个长期存在的问题，如何使二者更好地相互匹配，将是一个重大课题。智能电网能使这一问题得到有效解决。通过电网的数字化、智能化，自主运行、自我优化，电力生产与消费都将更加精准化和精细化，资源利用将更加集约、高效，决策判断将更加具有前瞻性。

顺应这些趋势，对于把握住新一轮能源革命的脉搏将十分重要。事实上，中国早已开展了相关的实践和部署，这就是构建全球能源互联网的战略考虑。

全球能源互联网一举多得

根据全球能源互联网的构想，包括北极的风能和非洲的太阳能在内的清洁能源，都会被利用起来，通过庞大的特高压电网体系，实现远距离传输，输送到欧洲、亚洲这样的电力需求区域。同时，在全球范围内，家庭、工厂等各个单位都会成为电力参与方，通过智能电网形成点对点的交易模式，调剂时差、匹配供需，灵敏、准确地参与售电和购电，市场活跃程度和能源利用效率都将提高。所以说，全球能源互联网能够促进加大清洁能源的使用范围和力度，并且利用互联网技术把全球电网连接、升级为一个整体性的能源共享网络，更高效、更合理地分配和利用电力能源，非常符合能源发展的新趋势。

构建全球能源互联网将会一举多得：其一，有利于在全球范围内最大限度使用清洁能源，解决间歇性电源与分布式电源接入等问题；其二，拉动电力投资与消费，扩大市场规模，创新商业模式，为参与各方带来收益；其三，搭建电力交易平台，将各大洲的电力供给与需求精准匹配，大幅提升能源的利用效率；其四，辐射和带动电力设备等相关高端装备制造业、新材料、能源大数据等诸多行业的发展。

应当特别指出的是，全球能源互联网对于"一带一路"将是重要的扩展和补充。放眼"一带一路"沿线国家，对于高铁等基础设施的确具有较大需求空间，但从西亚的伊朗、叙利亚，到东欧的波兰、乌克兰，再到各条分支路线上的许多其他国家，由于民族、宗教、军事、历史等多方面原因，其政治、经济态势有可能对相关项目的建设、运营产生掣肘。而全球能源互联网将以各大洲已经具备一定规模的泛在智能电网为基础，实现能源网络的互联互通，既与"一带一路"有所重合，又扩展出了更广大地域，而且落地相对容易：一方面，电网及智能网络基础较好，相对于高铁等其他项目，电网线路不易遭到破坏，有利于后续建设运营；另一方面，由于亚洲、欧洲、非洲等地的电力需求普遍较大，因而各方共同构建、维护全球能源互联网的意愿更强。

因此，构建全球能源互联网，既能服务中国的发展大局，又能带动相关国家进入交易网络受益，在推动能源革命的同时，以清洁能源替代化石能源应对气候变化。在这一过程中，中国的经济安全度和国际影响力也势必获得大幅提升。

总之，中国已经成长为一个大国，正在以大国的思维，为世界发展寻找方向，并且带头作为，起到示范引领作用。全球能源互联网正是其中的具体方案之一，将为人类清洁、高效、永续利用能源，为新一轮国际性竞争中抢占先机，做出应有的贡献。

第二章

大国经济必须重视经济战略纵深

深入研究经济战略纵深，准确把握一国可以拓展的潜在战略纵深在哪里、有多大，有助于充分利用现实和潜在战略纵深，既可以增强经济体对抗外部恶意冲击的韧性，也可以推动经济摆脱困境，化解潜在风险，步入新的增长周期。历史经验表明，没有经济纵深就谈不上经济安全。多年来，中国国际经贸活动规模不断扩大，但经济战略纵深并没有相应扩大，甚至还有被压缩的趋势。随着中国经济的不断崛起，与世界主要经济体的矛盾、摩擦将是不可避免的，我们不仅要有应对日常经济矛盾与摩擦的常态心理准备，更要提前研究并做好应对极端外部冲击的各种准备，尽快构筑确保经济安全的战略纵深。

在经济全球化的时代，国际经济合作是主流、是趋势，但日常经济贸易摩擦是不可避免的，经济对抗（经济制裁、经济封锁）作为极端情景也不罕见。二战以后，日常贸易摩擦的国际协商与仲裁机制日渐完善，但经济对抗的化解尚无国际组织能够承担，主要依靠相关国家的利害权衡之后做出的调整与让步，其中受到制裁、被封锁国家的经济战略纵深大小，是决定经济对抗发生与否、对抗强度、持续时间的关键因素。经济发展的战略纵深不仅决定了一个国家经济发展所能够达到的高度，也决定了一个国家在世界政治、经济中的地位。中国经济总量虽已跃居世界前列，具备了一定的经济对抗实力，但如果经济发展战略纵深的主动研究不够，容易受制于人甚至面临外部恶意冲击的风险依然很大，必须引起高度重视。

一、经济战略纵深的内涵

所谓经济发展战略纵深是指在综合考虑国土面积、地理条件、人口数量、自然资源等先天因素的基础上，评估经济发展阶段与经济总量、科学技术水平、基础设施条件、劳动者素质、产业结构、政治稳定性和制度环境、外部发展环境等后天因素，判断一国经济系统在未来一段时期内受到外部恶意冲击的极端情境下可以缓冲的空间、独立增长支柱的支撑力、经济软肋的防护强度等。因此，这是一个战略问题，是一个大国经济战略问题，是一个经济全球化时代小国无须考虑、大国不容忽视的战略问题。

经济战略纵深是一个借用的概念。军事意义上的战略纵深是指可供国家防御和战争的部署以及战略性运动的地域空间，有时一国的战略纵深可以延伸到接壤的相关国家。因此，战略纵深在本质上是一个国家承受外部冲击的安全战略概念。之所以借用，是因为现代意义上的国家安全首当其冲的是经济安全，长远经济安全战略的紧迫性、重要性甚至已经远远超出中短期军事安全战略。

经济战略纵深存在时和空两个纬度。空间纵深方面，可以从区域、产业和市场几个方面来考察：从区域角度看，战略纵深一方面来自一国的幅员辽阔和地大物博，更重要的是根据自然资源禀赋和区域发展规划，形成具有比较优势的区域产业和产品优势，呈现"互为补充、相互带动、梯次发展"的格局；从产业结构看，第一产业特别是高附加值农业、第二产业特别是高端制造业、第三产业特别是现代服务业，呈"核心行业优势明显、整体结构协调发展"的局面；从市场角度看，在全球化背景下，同时拥有国内和国际两个巨大市场，在大力开拓国际市场的同时，拥有具有较大回旋余地的国内市场。用时间的标尺来衡量战略纵深，则主要是对一国的体制、机制和制度环境对经济潜力的影响进行考察，其中政治和社会稳定的预期、市场体系和投融资体制的效能、社会保障制度的健全与完备、教育和科研水平对经济和产业提供的智力资源等，决定一个国家经济运行的稳定性、经济危机的自我修复能力，事关一国经济发展的潜能。

经济战略纵深的本质是经济安全。从近代史上西班牙、荷兰等以商业繁荣为基础的强权经济昙花一现，到亚洲金融危机东亚诸国泡沫破裂引发的经济断层危机，背后的原因林林总总，其经济结构的脆弱性却是不可否认的共性问题。历史经验说明，没有经济纵深就谈不上经济安全。经济安全代表着一国经济在整体上主权独立、基础稳固、运行健康、增长稳定、发展持续，在国际经济生活中有一定的自主性、防卫力和竞争力，能够避免或化解可能的局部的或全局性的危机。具体内容上，包括一国经济结构内部的协调，国民经济产业部门之间基本保持平衡，工业体系基本完善，基础产业稳固，不存在制约国民经济发展的瓶颈，尤其是不存在无法通过进口加以补充的瓶颈产业。从供给方面看，产业结构与要素结构基本吻合，资源利用较为充分，而且能够按照比较优势的原则发展主导产业参与国际分工；从需求方面看，产品能基本满足国内的基本需要。一个具有战略纵深的经济体系应该是一个具有自身结构不断升级的结构，而不是始终依赖外国产业转移的僵化结构；应当是一个在外部动荡环境下能承受冲击的结构，而不是在外部冲击下缺乏调节机制的结构。实践表明，没有合理的民族工业支撑的商业繁荣属于依赖型繁荣，是不可持续的，一如历史上的西班牙和荷兰；没有合理协调的产业结构基础上的"大进大出、两头在外"的跳跃式经济增长和断层型的发展模式，只是低收入国家甚至中等收入国家的权宜之计，一如深陷亚洲金融危机泥潭的东南亚国家。

经济战略纵深的核心是市场纵深。如果说军事意义上战略纵深的核心是国土面积和自然环境，那么经济意义上战略纵深的核心就是市场规模、容量和引力。在全球化条件下，一国的市场纵深越大，其增长潜力就越大，对他国的"引力"也越大。市场开放既是一种经济行为，也是一种战略工具，当然也是一把双刃剑。即使是标榜为市场经济的国家，市场对谁开放、开放到什么程度，也是一项战略性决策，往往意味着国家间关系的紧密程度。在讨论经济战略纵深时，需要高度关注国内和国际两个市场的相互开放和协调发展问题，利用好市场纵深这项战略资源。

经济战略纵深的根本是自主技术高度和产业优势。科技竞争日益成为国家间竞争的焦点，创新能力成为国家竞争力的决定性因素。发达国家及其跨国公司利用自身的技术优势保持领先地位，形成了对世界市场特别是高技术市场的高度垄断。新兴市场国家要获得发展机遇和主动权，必须提高创新能力。从发展经济学角度看，支撑一国经济的主导产业升级，一般经由产业关联度高的产业（"赫希曼基准"）、低污染／低耗能产业（"筱原二基准"）、高精尖技术密集型产业的演进路径。在经历"市场换技术""资源换技术"后，实现"技术换技术"是从根本上解决资源环境约束和产业由大变强等问题的必由之路。事实证明，拥有技术优势的国家，具有较强竞争力的产业结构，在国际分工体系中处于更高的有利地位。1990年以来，美国将产业发展的战略重点从军事和国家安全为主转向国家经济安全为主，通过优先发展国家关键技术，提升高技术产业的竞争优势，在材料、先进制造、信息通信、生物技术／生命技术、航空运输、能源／环保六大领域确定了 22 项技术作为国家重点发展的关键技术。到 20 世纪 90 年代末，美国的竞争力已全面超越了竞争对手，实现了跨越式发展。进入 21 世纪，美国在互联网技术的超然地位，确保了其世界高技术产业仍然全面领跑。2008 年金融危机以后，不少国家将制造业创新、制造业与信息技术的融合作为驱动经济发展转型的核心力量，比如美国的先进制造业国家战略计划、德国工业 4.0、印度制造战略等等，均着眼于提升各国主导产业的全球竞争能力。

二、经济战略纵深是大国经济特有的战略

小型经济体只有全球经济依托或利用战略，很难建立起应对外部市场"经济或金融海啸"冲击的防御体系，甚至面对主要经济体

的敌意制裁，也难有还手之力，因而几乎不存在自主构建的经济战略纵深。大型经济体面临的外部市场冲击比小型经济体要频繁得多，其成因也比小型经济体复杂，既有市场自发规律的因素，更多的是大型经济体之间相互竞争使然。但是，由于大型经济体内部拥有庞大的市场空间，凭借经济总量、技术垄断、货币优势，其市场行为与政策取向具有一定的国际市场影响力，有条件建立面对外部冲击的经济战略防御体系，避免外部"经济或金融海啸"来袭之时出现经济崩溃。

经济战略纵深的核心之一就是市场引力。一个大型经济体的市场引力的大小，一方面影响着相关小型经济体的向心力，进而决定着放大或失去经济战略纵深；另一方面，巨大的市场利益也使得竞争对手不敢轻易采取制裁行动。也就是说，市场引力本身就构成了经济战略纵深。衡量经济引力时，经济总量只是一个方面，更重要的是经济活力（经济增长速度、市场开放与扩张水平、经济创新能力等），以及外部世界能否"搭上便车"。纵观 20 世纪以来的美国经济，其经济总量在全球范围内无人匹敌，因而没有人会无视、放弃美国市场。然而真正决定美国经济战略纵深的是其经济活力和市场开放状况，凡是美国经济活力衰退、市场封闭之时，美国对于全球的引力也同步下降；目前美国经济在危机之后率先复苏，数据显示的经济活力不断增强，其全球竞争的经济战略纵深也是前所未有的。日本的经济总量也很大，但其市场引力有限，相反的是对外部市场依赖性很大，经济的战略纵深不大，外部市场波动甚至其他主要经济体的针对性行动都会形成相应的冲击。俄罗斯国土面积全球第一，军事实力仅次于美国，但国内市场容量不大，有限的资源优势并不构成全球不可替代，相反的是在资源输出和金融市场方面对欧洲形成了严重依赖，经济战略纵深十分狭小，面对美欧的经济制裁就显得十分痛苦。

经济战略纵深还是一个国际性的具有价值取向和利益一致性的紧密型市场共同体。例如以美加墨为主体的北美市场，以英德法为核心的欧盟区市场。亚洲市场在统计意义上巨大，理论意义上联系紧密，但在价值取向和利益一致性方面与欧盟市场、北美市场相差甚远，至少在目前还没有成为中国、日本、印度等经济体可以实际加以利用的战略纵深。

经过近 30 多年特别是进入 21 世纪以后的快速发展，中国经济总量一跃成为世界最大贸易国家、全球第二大经济体，经济走势和经济政策都已经成为世界经济的重要影响因素。与此同时，中国经济的对外依存度也保持在较高水平，尤其是综合考虑过剩产能输出与普通商品出口依存、重要资源进口依存、国际金融依存以后，自身经济发展受制于外部因素的影响越来越大。不仅如此，中国成为贸易大国和经济大国以后，美国、欧盟、日本等大型经济体开始从战略上关注中国，与这些大型经济体之间的经济合作与摩擦甚至冲突都将难以回避，经济竞争与自身经济安全已经成为内外部各种因素在不同的时间、空间、有形与无形等各种维度上相互作用和影响的复杂战略问题。中国的全球经济战略，不能仅仅局限于短期既得利益，应该着眼于远期竞争力培养、立足于可能发生的战略冲突、构筑有效的经济战略纵深，以实现长期稳定发展和不可动摇的经济优势。

21 世纪的第一场金融危机持续了多年，极大地改变了全球经济版图。美国、欧洲、日本在全球经济总量的占比下降，中国等新兴市场国家的地位显著上升，尤其是中国在短短的 30 多年内一跃成为全球最主要贸易国家和经济体以后，引发美欧日等主要经济体的强烈关注的和经济战略调整。实际上，全球西方国家针对中国的经济竞争行动和贸易摩擦急剧增加、石油和其他大宗商品的市场掌控能力进一步增强、对俄罗斯的经济金融制裁由象征意义逐渐转向实质性战略、美国正在主导的跨太平洋伙伴关系协定（TPP）、跨大西洋贸易与投资伙伴协议（TTIP）谈判等等，都可以看成是美国正在构建新的、更大范围的全球经济战略纵深的长远安排。

金融危机之后，中国国际经济贸易活动空间不断扩大，不仅巩固了传统的欧美市场，还有效拓展了拉美、非洲市场，这是应该肯定的。但也要看到，在国际经贸活动空间扩大的同时，我们的经济战略纵深并没有相应扩大，甚至还有被压缩的趋势，尤其令人担忧。一是美元强势和美国经济迅速复苏，增强了美国经济对世界各国的吸引力，客观上起到了弱化中国经济引力的作用；二是美国在经济战略上采取了事实上的抑制政策，例如关于 TPP 和 TTIP 策略、关于亚投行态度、关于重返亚太和亚洲再平衡的军事行动等，都在有意无意地压缩中国经济战略纵深；三是近年来中国经济增长速度放缓，国际上有人故意唱衰中国经济趋势，国内也有人发布经济将持续下行的言论，以至于投资者开始怀疑、国民信心下降、市场引力不断减弱；四是自满情绪蔓延，"按照购买力平价计算中国已经是全球最大经济体"，"中国已经是全球工厂"，"中国投资什么、什么产能就过剩，国际市场价格要看中国眼色……"，"全球经济一体化了，我们现在有的是钱，缺什么都可以买得到，技术、粮食、原料、设备等没有必要完全自给，参与国际分工就可以了"等说法此起彼伏，如此下去，我们会逐渐麻痹，竞争力下降，以至于经济虚胖、结构失衡、技术依赖、重要经济资源受制于人，经济自主性越来越差，经济战略纵深越来越窄。

毋庸讳言，随着中国经济的不断崛起，与世界主要经济体的矛盾、摩擦将是不可避免的，我们不仅要有应对日常经济矛盾与摩擦的常态心理准备，更要提前研究并做好应对极端外部冲击的各种准备，尽快构筑确保经济安全的战略纵深。一是从战略上研究俄罗斯受欧美制裁、经济金融几乎出现 1998 年危机的教训。原因之一就是欧美抓住了俄罗斯经济致命弱点：市场规模无足轻重、石油天然气是其唯一反制裁经济手段、对欧洲金融市场的严重依赖。尽管俄罗斯的军事战略纵深很大（幅员广阔、资源独立支撑且有一定垄断话语权、工业门类齐全、军事实力强大等等），但经济战略的弱点很突出，缺乏相应的经济战略纵深支持，面对外部冲击（1998 年亚洲金融危机）或敌意制裁（乌克兰危机之后的美欧经济制裁），很难形成有效防御。中国在构建经济战略纵深时既要考虑极端经济与金融危机的外部冲击风险，又要考虑欧美未来可能的战略制裁情形，目标是自身市场需求强大且有足够的供给弹性、足以抵御外部市场冲击，同时也使其他经济体不敢轻易动手、找不到入手处、即使动手也要付出加倍代价……为此应继续增强中国市场对国际社会的吸引力，并使之成为绝大部分国家甚至主要发达国家的经济依托（例如德法英制造业对中国市场的依赖、澳洲与加拿大等资源国家对中国市场的依赖、周边国家搭车行为成为他们的国家战略等），增强金融的主动安全性（人民币成为真正的国际货币、上海成为真正的国际金融中心等），形成多极国际竞争优势（基础设施建设能力输出、高铁等高端成套设备出口、中高等技能的劳动力输出等等）……只有未雨绸缪地调整国家战略，才能构建有效的经济战略纵深。此外还要集中人力物力财力实施国家战略突破工程，突破战略基础材料和尖端技术的瓶颈束缚，缩小与美国的差距。二是经济战略纵深的核心是市场纵深。如果市场纵深足够大，对谁开放市场、开放到什么程度，就意味着国家战略盟友紧密程度；反之则表明警惕与敌对程度。观察美国就是这样，我们的分析研究也应集中于此。中国有 960 万平方公里的国土面积、13 亿人口且人均收入已经处于全球中高水平，而消费结构则接近发达国家的水平，是全球最具潜力的消费市场。中国基础设施的空缺还很大，尤其是东部城市的基础设施与中西部交通和生态保护的投资需求巨大，仍然是全球资本引力最大的投资市场。这个战略优势是独一无二的，必须保持并充分发挥出来。三是提升自身能力是根本。完备的产业体系以及领先于其他国家的工业技术水平和有吸引力的产品功能与质量等，对于构筑大国战略经济纵深是十分必要的。目前，中国加工工业尤其是装备制造业技术水平低下，产品功能和质量对于消费需求实现、对于出口竞争力已经形成了严重制约。应该看到，尽快确立并启动工业技术更新改造战略，对于激活消费需求、拉动投资需求、增强国际竞争力，具有显著的政策功效。四是经营亚洲市场，形成战略缓冲圈。经过 30 多年的改革开放和快速发展，中国目前已经成为亚洲市场的最重要驱动因素，将亚洲市场经营好，构筑势均力敌的亚洲市场、欧洲市场、北美市场并行的国际市场格局，对于构建中国经济战略纵深、形成中国经济安全战略缓冲圈，是极其重要的。经营亚洲，并不意味着简单开放市场、金钱援助，更不是一味忍让，而是努力增大中国市场引力和辐射力，通过市场机制和市场力量使亚洲市场成为一个以中国为核心的有机市场。为此，我们需要有大思路、大手笔、大战略，努力增强中国经济对周边国家的"引力"。一国经济"引力"是指其经济体系对其他国家的影响力，商品市场吸纳能力、教育科学技术的绝对优势地位、国际货币与跨国资本的供给能力是三个核心要素。中国在构建经济战略纵深时，应当进一步提高自身开放程度，加深周边经济体对中国经济的依赖程度、深度和广度，从而使自己的经济战路空间更加坚实。五是对外经济制裁手段也是需要前瞻性研究的课题。一方面，要进一步研究针对国际主要经济体的反制裁策略、措施、手段，重点熟悉掌握国际规则、熟练使用国际规则、有效利用国内市场力量；另一方面，对于周边个别国家严重侵害中国国家利益、甚至拉帮结派敌意对抗的行为，也要果断地、公开地使用稳、准、狠的经济制裁手段，让其付出沉痛的代价，使其今后不再挑衅、其他国家不敢效仿、西方国家无孔可钻，形成巩固的经济战略纵深。

三、中国国内潜在的经济战略纵深很大，这是首先要清醒认识并尽可能加以充分利用的战略意识

讨论中国经济的潜在战略纵深，首先必须回答在可以预见的未来中国经济规模到底能有多大。有人认为目前中国经济总量已经迈过 10 万亿美元大关，增速放缓既是必然，也是现实，未来经济总量扩张的潜力有限。其实，经济总量扩张的边界约束力主要取决

于人均水平，而不是总量水平。粗略测算，中国当前人均 GDP 水平只相当于美国的七分之一左右，未来人均 GDP 如果能达到美国当前水平的一半，经济总量将超过 30 万亿美元。如果考虑环境与资源限制，在维持当前能源消耗总量情况下（2013 年全年 28.5 亿吨油当量），通过有效提升利用率，削减高耗能产业，将单位 GDP 能源消耗降低至发达国家平均水平（1 美元 GDP 消耗能源 0.117 千克油当量，2012 年），GDP 总量也能够达到 24.4 万亿美元，人均约为美国当前水平的 40%；而如果单位 GDP 能源消耗能够达到日本当前水平（1 美元 GDP 消耗能源 0.076 千克油当量），GDP 将高达 37.5 万亿美元，人均约为美国的 60%。这是从总量上进行测算。如果我们从三次产业结构的角度考虑，未来如果能够加快发展对资源消耗较少的服务业，使其占国民经济比重达到日本目前的水平（75% 左右），即使保持一次产业和二次产业产出的绝对量不变，我们的 GDP 总量也将高达 20 万亿美元。

从世界大国崛起的历史经验来看，中国在理论上具备足够战略纵深，可以有效应对全球经济对抗。18 世纪英国凭借工业革命获得巨大的技术和生产力优势，虽然其国内市场较小，但依靠这一独特优势，再借助全世界的资源，很快成为近现代史上第一个全球霸权国家；后来其他国家的发展使得其技术优势逐渐消失，到 19 世纪末，美国开始依靠欧洲国家所远不能比的国土面积、资源和人口优势后来居上，并在此后长达一个多世纪的时间里又先后借助几次科技革命巩固了这一优势；今天，中国在国土、资源等先天因素方面不亚于美国，并且经济门类齐全、结构均衡，社会政治稳定，同时有几倍于美国的人口规模，人均收入水平处于中高收入国家行列，未来如果能够持续提升科技水平和劳动者素质，这么庞大的市场将成为我们应对外部经济对抗的坚实基础。进一步观察，虽然美国国土面积和资源禀赋与中国类似，但人口则差一大截，从长期来看，中国经济潜力应当比它更大；俄罗斯虽然国土面积和资源比中国更优，但是人口以及经济结构则是非常明显的短板和束缚；印度除了人口规模与中国相当外，其他条件都有一定差距；而德、英、法及日本虽然具有很强的科技实力，当前经济发展水平也非常高，但是地理条件和人口的限制则难以克服。

从结构上看，中国在以下五个领域具有独特且可拓展的经济战略纵深，认真构筑并加以有效利用的话，不仅能够增强应对极端经济对抗能力，也可以支撑我们顺利迈过中等收入陷阱。

第一是国内消费需求升级提供的战略纵深。中国人口是美国 4 倍多，市场潜力巨大。过去受国家发展战略、居民收入水平、消费文化等因素制约，消费在国民经济中所应发挥的作用未能充分体现，其对整个经济的贡献度远远低于发达国家水平。展望未来，随着经济增长方式转变，居民收入水平提高，社会保障体系不断完善，国内消费需求将被激发，为中国经济增长提供强大动力。

2012 年以来我国消费占 GDP 的比重为 50% 左右，其中居民消费仅占 35% 左右，比世界平均水平低 25 个百分点。而 2012 年美国的消费占比高达 83.5%，日本为 78.3%，英国更是高达 89.1%，其他发达国家也基本都在 75% 以上，20%—40% 的比例差距为经济增长提供了巨量的想象空间。在不考虑投资和净出口增加因素的条件下，如果消费占比达到韩国当前水平（66.2%），中国 GDP 总量将达到 87 万亿元（约合 14 万亿美元）；而如果能达到发达国家平均水平（80%），GDP 总量将达到近 150 万亿元（约合 24 万亿美元）。事实上，消费升级必然伴随着投资需求和净出口需求的增加，消费需求带来的市场潜力扩张具有倍数效应。

在认识和构筑消费需求的战略纵深时，有几点是特别重要的：一是提升国民购买力，尤其是在推进收入分配制度改革时，既要提升一般居民收入水平、降低收入差距，又要适当注意提高边际消费倾向比较高的社会群体的收入水平；二是解决消费顾虑，不仅要通过完善社会保障体系来消除养老、失业、医疗等方面的担忧，还要加强消费安全和消费保护的公共产品供给，提高国民消费意愿，激发消费活力；三是改善消费结构，既要引导国民提高对文化、教育、培训、体育、医疗、养老等方面的消费支出，又要引导培育健康的消费心态；四是激活潜在消费，重点是推进电子商务等新的商业模式，既提高经济效率，又引导生产，还唤醒了许多处于睡眠状态的潜在消费。

第二是东中西部区域发展差异带来的战略纵深。我国东中西部在经济发展水平、产业结构等方面存在巨大差异。未来区域之间的产业和市场协调互补、错位递进发展，也可成为经济发展的战略依托。

东部地区在我国对外出口中占据主要地位（近十年来，该比例一直维持在 90%以上），接下来应重点进行产业和技术升级，率先实现由要素驱动向效率驱动和创新驱动的转变，改善出口结构，逐步构筑高技术水平、高附加值产品出口格局，提升我国出口商品的国际竞争力。而现阶段东部地区先进的人力资源、资本等要素也能够支撑这样的转变。中西部地区则应积极响应东部地区的经济辐射信号，主动吸纳东部资本、商品与服务，积极加入东部经济龙头的产业链，为东部经济升级提供市场、资源、劳动等一体化发展的要素支持。

第三是基础设施建设提供的战略纵深。过去十几年，虽然我国对基础设施的投资力度较大，但无论是总量还是人均都与发达国家的距离很远，基础设施建设的空间还很大。就资本存量来说，根据2010年OECD统计，美国基础设施资本存量为7.74万亿美元，日本为6.96万亿美元，中国为4.73万亿美元（按2005年美元不变价计算），总量上与美国存在3万亿美元的差距。

基础设施是经济发展的重要载体，中国未来应继续加大在这方面的建设投资，但也要重视投资效率提升和投向取舍。一是要更多地向中西部尤其是中部地区倾斜。我国区域间的基础设施差距很大，据国务院发展研究中心相关报告，2011年东部地区基础设施资本存量分别是中部和西部地区的1.95倍和1.68倍。中西部地区是我国未来经济发展的战略纵深，完善的基础设施能够使这一战略更快见效。二是要继续加大在高速铁路建设方面的投资。高铁无论对国民经济还是人民生活都具有重大战略意义，应该努力让高铁尽量连接全国所有的大中型城市。三是要加大在城市地下管网建设、道路改造方面的投资。这是我国当前城市发展中的突出问题，亟须重点解决。四是要加大在电力方面的投资。目前我国人均用电量还不及日本、德国的一半，更不及美国的1/3，需求空间巨大。五是要加大在网络基础设施建设方面的投资。互联网和信息对中国经济整体水平提升至关重要，在战略投资安排上也要予以高度重视。

第四是工业装备技术更新提供的战略纵深。装备制造业水平的高低，直接关系一个国家在全球竞争中的地位。放眼全球，美国、欧盟等发达国家和地区在高端装备制造业始终处于全面领先地位。美国高端制造业的发展一直依托其全球领先的研发基础、金融服务以及丰富的新技术产业化经验支撑，其高端制造业的劳动生产率是中国的23倍。更为关键的是，在高端制造业的存量领域，美国企业构筑的"高边疆"是中国企业在相当长时间内都难以逾越的壁垒，例如波音公司2012年的营业额就达到了817亿美元，储备订单价值达到3 900亿美元，而拥有200家企事业单位、21家上市公司的中国航空工业集团公司2014年的销售额不足500亿美元。奥巴马政府第一任上任不久，就把"再工业化"作为美国整体经济复苏的重大战略逐步推出，其实质就是要推动美国制造业的脱胎换骨，催生一种新的生产方式，掀起所谓的"第四次工业革命"。德国是全球制造业中最具竞争力的国家之一，拥有强大的机械和装备制造业、占据全球信息技术能力的显著地位，在嵌入式系统和自动化工程领域具有很高的技术水平，这些都使德国曾经确立了其在制造工程行业中的领导地位。德国在2011年举行的"汉诺威工业博览会"上提出了"工业4.0"的大体概念，在此后推出的《高技术战略2020》中将工业4.0作为十大未来项目之一，目的在于奠定德国在关键技术上的国际领先地位，夯实德国作为技术经济强国的核心竞争力。

近年来，中国虽然已是装备制造业大国，但产业大而不强、自主创新能力薄弱、基础制造水平落后、低水平重复建设、自主创新产品推广应用困难等问题依然突出。同时，受国际金融危机影响，自 2008 年迄今，国内外市场装备需求急剧萎缩，我国装备制造业持续多年的高速增长势头明显趋缓，企业生产经营困难、经济效益下滑，投资长期不足，可持续发展面临挑战。同时，技术更新改造投资增长缓慢。无论是对我国经济当前发展，还是对未来长远发展，全面启动工业技术升级战略，都是非常有必要而且非常紧迫的。没有工业技术支撑，经济只能在中低端打转，处于全球分工和产业链的中下游。

四、构建战略纵深还须主动增强中国经济的对外"引力"，降低外部经济对抗的风险

一国经济"引力"是指其经济体系对其他国家的影响力，体现为相关国家对其出口商品和服务、市场以及投资的依赖程度，核心内容包括国内市场规模和开放力度、出口商品和服务的不可替代性、对外投资规模、金融体系对外开放程度和主动安全性、本国货币的国际地位等。中国在构建经济战略纵深时要考虑相关大型经济体未来可能的战略围堵或制裁，切实提高经济"引力"，使其不敢或不愿采取行动，或者找不到入手处，同时也使全球其他国家不敢或不愿跟随这些国家一起站到中国对立面。

一是加大国内市场开放力度，积极参与国际贸易协议制定，提升中国市场对其他经济体的影响力。在激发国内需求，构建巨量国内市场的同时，应继续加大开放力度，创造条件使更多的国外商品和服务进入中国，打造全球经济"磁极"。积极让中国市场成为全球其他经济体包括发达经济体的依托，例如欧洲国家的高端制造

业、服务业和农产品，澳大利亚、加拿大、俄罗斯的能源、矿产和木材，非洲、拉美国家的资源和农产品，东南亚及其他周边国家的制造业和农产品等。这样不仅能够使这些国家对中国形成战略依赖，而且也能够有效促进国内市场竞争，提升中国企业自身的创新能力和竞争力。

二是提升出口商品和服务的技术水平，打造若干具有不可替代性的强势出口领域。在现有商品基础上，着力提升功能和质量，培育出一批在国际上具有领先科技水平和相对价格优势、难以被其他国家商品替代、同时在该国国民经济中具有较高地位的强势出口领域，包括高铁、地铁、船舶、互联网和电子通信设备、建筑机械、新型材料等。此外还应重点推进一些具有技术或管理经验优势的服务出口，比如信息服务、运输服务等。

三是扩大对外投资规模，让中国资本在其他国家经济体系中发挥巨大的影响力。积极创造条件让中国企业到海外投资设厂，尤其是那些不涉及战略性技术，同时在国内又产能过剩的领域，比如家电、电子通信设备等。同时结合基建方面的优势，积极参与国外港口、机场、高速公路、钢铁和石化基地等具有战略意义的重大设施投资建设和运营。这些领域既有较高投资回报，同时又能对被投资国产生深远影响。

四是加快金融改革，加大金融体系开放，加快推进人民币国际化进程。金融安全对于一国经济发展至关重要。20 世纪 90 年代日本经济停滞、近期俄罗斯经济遭受危机等，其中一项重要原因就是本国金融系统受制于人，货币国际地位较弱。金融不强则整个国民经济不强，甚至存在几十年发展成果毁于一旦的风险。我国当前须着力提升金融系统安全性，对内稳步推进利率、汇率市场化，加快银行业和资本市场改革，加快上海国际金融中心建设；对外加大金融体系开放力度，加快推进人民币国际化，着重提升人民币国际地位。

附:

仍然笼罩在危机阴影下的世界经济与[*]中国对外经济战略选择

随着经济国际化、全球化发展，国际经济对任何一个国家都非常重要，需要深入研究和观察。美国次贷危机及其后的欧洲债务危机对包括中国经济在内的全球经济带来了严重影响。实际上，这场危机至今尚未真正结束，整个世界经济和过去相比更加复杂，一些传统的理论和方法，很难解释当前面临的经济问题。世界经济正处于特殊时期，对形势做出客观清晰判断，将有助于把握机遇、应对挑战。中国经济和全球经济越来越融合到一起，未来的发展将更多地受到国际经济环境影响，需要积极顺应国际经济形势变化，调整对外经济战略，以期在新的经济周期中谋得更大发展。

一、危机阴影犹在是当前世界经济的主要背景

新世纪的这次金融危机以及债务危机对世界经济的影响方式和程度与以往相比，有很大不同。过去发生的金融危机很多在局部地区，一个国家或某个、某些地区，没有扩散，属于局地自生自灭型

---

* 《经济参考报》2014 年 2 月 14 日署名文章，《现代商业银行导刊》2014 年第 2 期署名文章。

危机；也有一种能量横向传播但不断衰减的传导型危机，比较典型的是 1997 年亚洲金融危机。而这次危机有点类似"多米诺骨牌"，从美国爆发之后扩展到欧洲，进而扩散到新兴经济体，全球任何角落都受到严重冲击，历史上前所未有。本轮危机具有如下特点。

特点一：危机传导呈现时间序列特征，持续周期超长，以至于覆盖范围空前广泛，不断传播、传导的威力强大。本次危机呈现先美国后欧洲，先主要发达经济体后新兴经济体，最后几乎波及全球任何角落。而今，虽然危机发源地经济开始恢复，但危机开始时受到影响较小的地区和国家，或是采取措施暂时免受危机冲击的地方，目前的经济却出现停滞甚至下滑。

特点二：危机传染性很强，而且应对危机的措施也给其他国家带来严重影响，这种严重程度是过去所没有的。不仅美国、欧洲、中国等世界主要经济体出现问题会传染给其他国家，即使是"欧猪五国"、新兴市场国家等经济金融出问题，同样会影响世界。每个国家出台的经济政策都会对别国产生影响。美国推出量化宽松（QE），不仅对美国的经济恢复产生积极作用，也间接让全球受益；但当 QE 退出预期出现，全球市场都受到影响。美国的 QE、日本的超宽松货币政策、中国的 4 万亿刺激政策既影响自己也影响着全世界。

特点三：危机初期迅速达成的全球性共识，随着危机在不同地区的传播而被逐渐淡化或抛弃，多国和地区出现很多非共识、非常规政策取向。美国次债危机爆发之后，全球主要经济体迅速达成广泛的政策共识，但随后在不同国家和地区很快出现分化或差异化，以至于近两年广泛使用了非常规政策手段。在各国政策非常规化、个性化过程中，世界经济格局发生很大变化，面临一系列前所未有的新问题，简单套用过去的理论、规律、经验，很难得出被广泛认可的分析结论。

观察当前世界经济形势，总体上仍然笼罩在金融危机余波影响之中，美、欧、日分别实现或高或低的内生性复苏、周期性恢复以及外部政策拉动型复苏，发达经济体重新成为全球经济增长的主要动力，但基础不稳，方向不明；而新兴经济体或因外部政策溢出效应、或因自身周期性放缓、或因内部经济结构问题，经济增速普遍下滑。各国经济周期的不同步，凸显了当前世界经济格局的分化，世界经济真正摆脱危机阴影可能还需要一段时日。

复苏与巩固将成为发达经济体的特征，分化则是新兴经济体的特征。预期美国经济会保持持续温和增长，欧洲则需继续巩固复苏，而日本经济也有望暂时摆脱通缩。在政策取向上，除继续维持低利率外，美联储将更加谨慎地根据经济复苏情况逐步削减量化宽松的规模，欧洲和日本则可能分别实施加大资产购买与财政刺激政策。新兴经济体增速仍将继续高于发达经济体，亚太市场仍是其中翘楚。而"高通胀""双赤字"等结构性问题突出的新兴国家，财政政策和货币政策空间受到限制。

进一步深入分析，当前世界经济发展的整体趋势依然复杂多变，并不乐观。发达经济体的复苏数据虽然在逐渐改善，但深层次问题依然严峻，至少2014年还不能过分乐观。当然，新兴经济体增长缓慢甚至下行的趋势亦不容轻视。同时，一旦发达国家央行快速退出经济刺激措施，或将导致流入新兴市场的国际资本大幅萎缩（据有关测算最高萎缩80%）甚至大量净流出，进而造成重大经济动荡，并引发部分经济实力较弱的国家陷入新的危机。

国际货币基金组织（IMF）最新《世界经济展望》下调了包括美国在内的部分经济体 2014 和 2015 年经济增长预期[①]，其中对某些经济体的增长预测下调，突出表明全球经济持续复苏存在的脆弱性，经济严重失衡、通缩与通胀并存和金融行业系统性风险仍然是当前面临的突出矛盾。在主要的发达经济体，为降低杠杆率而实施的财政整顿，将使经济恢复前景更加不确定。主要新兴市场国家目前面临着投资与消费转换的结构风险，政策阵痛期较长。虽然一些经济体仍有提供货币政策支持的空间，但普遍存在的增长乏力在一定程度上反映了结构性因素或周期性降温，经济持续恢复的主要政策思路必然是推进结构性改革。尤其值得一提的是，一些经济体需要应对信贷质量下降和资本外流增加带来的潜在危机。

美国方面。虽然经济持续温和复苏，一系列经济数据得到改善，但实际上还没有步入完全意义上的上升周期。美国就业数据从失业率和初次申请失业金人数角度看有所改善，但这两个指标下降并不意味着美国经济形势的彻底好转，美国劳动参与率[②]依然在不断下滑，2013 年底的新增非农就业人数也大幅低于预期。如果经济真正走好，美联储放弃 QE 不会像现在这样艰难。虽然美国能源战略变化、制造业回流、住房市场回升等等对经济的内生性恢复做出了巨大贡献，但目前并未看到新的产业革命雏形并形成新经济增长方式。

欧洲方面。经济复苏依然十分艰难，数字上仅仅是由负增长变为弱势正增长，与此同时，政府债务上升、失业率仍处高位、产能利用率低于长期平均水平、通货紧缩问题仍然构成严重威胁，银行信贷增速不断下降，希腊等问题严重的外围国家尚未看到根本好转，目前欧洲经济复苏仍然较为脆弱。欧洲经济问题的解决不完全取决于货币政策，更多的是受制于财政政策。欧洲央行虽然可以实行宽松货币政策，但相关国家被迫采取的财政紧缩将导致通缩并拖累经济增长。也就是说，欧洲面临两难困境，紧缩财政将导致经济、社会和政治问题接连出现，而不紧缩财政，则无法推进改革，减轻财务负担，未来问题会更大。由于欧洲问题复杂，弱势的经济增长数据还不能充分说明欧洲经济已走上健康复苏之路。

日本方面。安倍经济学虽已见到效果，但该政策持续有效的前提是日本保持制造和出口大国地位。一年来，日元贬值刺激出口并拉动经济增长，效果十分显著，但是否可持续仍存在不确定性。日元是否贬值不取决于日本，而是取决于美国。按照经验，如果美国经济能够迅速回到正常轨道，经济增速保持在2.5%—3.5%，就不会对日本施加过大压力，但如果美国经济长期低增速，将会阻止日元进一步贬值。如果日元升值，日本经济情况就会逆转。同时，日本债务问题和老龄化压力很大，这将对经济造成长期拖累。

新兴经济体和发展中国家方面。（1）亚洲。虽然亚洲经济增长在全球范围仍将处于高位，但受增长方式、经济结构、国家关系问题以及美国重返亚太带来的冲击和影响，亚洲经济很难回到过去那种超高速增长的黄金时期，亚洲经济边际增长将趋缓。（2）非洲。非洲经济问题主要受制于政治，政治稳定，经济就会出现快速发展势头。近两年非洲部分国家经济增长很快，有其特殊原因。欧美自身出现问题，对非洲的干预和影响降低，非洲出现前所未有的快速发展时期。危机后的几年，全球在非洲投资增加一倍，新兴经济体对非洲投资年平均增长速度也在 20% 左右。但如果欧美重返非洲，将带来巨大的不确定性。（3）中东。近几年，中东在国际上的整体地位不断下降，且政局不稳，这与美国能源战略和世界能源结构变化有着密切关系，这种趋势不会在短时期内结束。美国逐渐转变为世界上重要的能源生产国，而中国是最大的能源消费国。过去美国受能源需求利益驱动，强势控制中东政局，而目前中国虽然在能源需求上替代美国，但无法在地缘政治方面填补美国留下的空缺。中东地区本身也缺乏地缘政治主导力量，导致像利比亚、突尼斯、埃及、伊拉克这些国家政局动荡。（4）拉美。拉美各方面基础相对较好且资源丰富，但很多国家掉入中等收入陷阱，目前尚未找到摆脱方法，因此经济增长受到长期困扰。

二、全球经济面临诸多经济难题

此次危机的持续发酵不仅形成了新的世界经济格局，更留下了诸多经济难题，这些难题如不能有效破解，将为全球经济发展带来长期的不确定性，威胁经济持续复苏。

难题一：发达国家的通货紧缩问题。以往，西方中央银行货币政策目标多为保持币值稳定和对付通货膨胀。但近年来，部分发达经济体陷入严重通货紧缩，未来仍有进一步恶化的可能，尚未找到有效应对办法。实际上，通缩对经济影响不亚于通胀。解决通缩不是一件简单的事情，否则日本不会出现"失去的二十年"。美国多轮 QE 也没有解决通缩问题，欧元区特别是核心区，通缩更是严重问题。如果发达经济体通缩问题不解决，全球经济很难步入新一轮上行期。

难题二：新兴经济体的通胀问题。目前新兴经济体普遍面临很大通胀压力，这是长期困扰新兴经济体发展的问题。通胀将大幅压缩新兴经济体运用宽松货币政策推动经济发展的操作空间，社会与政治也将随之出现一系列复杂问题。迄今为止，新兴经济体还没有找到既能摆脱高通胀循环的压力、又能够保持经济持续高速增长的平衡办法。

难题三：能源革命与地缘政治。美国能源革命已对未来全球地缘政治产生重大影响，地缘政治变化将为世界经济增长带来很多不稳定因素。美国的注意力如果从中东移至别处，中东将面临新的地缘政治再平衡风险。过去全球能源秩序由美国主导，随着美国能源供给结构改变，以原油为主体的世界能源秩序将会被打破，由此产生一系列问题，并将对全球经济增长产生不确定影响。

难题四：全球贸易规则的作用弱化。全球经济快速健康发展时期必然也是全球贸易活跃时期，反之如果贸易不活跃，全球经济必陷困难。当前，全球贸易摩擦加剧，贸易保护主义盛行。新的全球性贸易规则难以达成，本次世界贸易组织"多哈回合"谈判困难重重，陷入僵局，虽然耗时 13 年并于 2013 年 12 月初达成了部长级初步协议，但是美国却另起炉灶，启动了两个重要贸易谈判③。而多边贸易安排盛行，必将降低全球贸易活力并对全球经济增长产生一定负面影响。

发达经济体通缩与新兴经济体通胀并存、美国外交和能源政策变化、全球贸易规则体系的变化等问题的存在，将对全球经济复苏进程带来严重的滞后影响和风险，且在短时间内难以彻底消除。由于中国在新兴经济体中处于龙头位置，这也就意味着发达经济体和新兴经济体面临的问题，都是中国未来的既定环境，更应未雨绸缪。

三、全球主要地区的经济政策走势趋于分化

在经济危机爆发和高传染时期，世界经济关联度显著上升，主要国家的经济周期和行为呈同步化特征。一方面，各国政府为应对危机共同推出宽松货币政策，全球利率水平保持历史低位，带来充裕的流动性；另一方面，危机的不确定性上升，使得避险情绪成为主导市场投资行为的重要因素，低风险资产往往成为所有投资者追捧的对象。但到了当前特殊时期，全球经济周期的同步性下降，并带动各国政策走向分化。

美国方面。未来一段时间，有几个可以预见的基本政策取向：首先，美联储还将继续保持宽松的货币政策。目前美国虽已开始缩减 QE，但美联储一直强调其并没有退出量化宽松的货币政策，并在处理缩减购债额度上非常谨慎。美国还将会有其他措施来缓冲 QE 缩减的影响，以保持经济持续有效增长。因此，美联储依然会维持相当一段时间的宽松货币政策。其次，美国很可能继续在第三次工业革命上发挥领头羊作用。在科技革命、创新补贴等方面的多项财政政策，是美国保持长期竞争优势的核心所在。美国不会放弃这种优势，未来将继续加大政策支持力度。第三，美国将通过能源政策的调整，摆脱受制于俄罗斯和中东等的被动局面。为摆脱这种被动局面，美国加大了对新能源的开发，在页岩气等新能源开发方

面出台了一系列支持政策，这些政策将持续并不断深化。第四，美国外交具有明显的商务外交政策特点，其在全球所有活动的核心都是围绕商业利益展开的，这种政策仍将持续并强化。

欧洲方面。欧洲的经济政策将发生较大变化：欧洲将持续宽松货币政策，财政整顿会出现适度的放松。欧洲一直在试图主导世界贸易规则的谈判，在全球金融、贸易和环保等规则制定上发挥着积极作用，具有很大话语权。未来欧盟的扩张步伐虽会放缓，但其影响力扩散将会持续，尤其是在非洲和亚洲。欧洲还会通过对贸易规则的理解和改变来保持优势，同时也会为其自身利益制造更多的贸易摩擦。

日本方面。在目前格局下，日本将保持宽松货币政策，但要真正摆脱通货紧缩实现经济有效增长，路途仍很漫长。首先，通缩不易解决。实际上，QE 最早就是日本发明的[④]，多年来日本一直实行的是宽松货币政策，但一直没有有效解决通缩问题。其次，日本的国际经济贸易政策在其经济政策体系中仍居于显著地位。由于以国际投资为主的政策并没有解决日本长期面临的根本问题，因此可能会在政策导向层面适当弱化，并加强国际贸易政策，配合日元适度贬值，企望经济再度增长。总体政策趋势可能会从目前的以国际投资政策为主体重返过去的以国际贸易政策为主体。

新兴经济体和发展中国家方面。（1）亚洲。除中日以外的亚洲其他国家未来政策存在很大不确定性，不仅取决于中国、日本、美国和欧洲的经济走势和政策变化，而且各国自身情况千差万别，很难自主把握政策走势，面临较大的政策风险。但是，作为全球中低端制造业中心、劳动密集行业集中地区，贸易政策趋同与市场竞争加剧将带有普遍性。（2）非洲。非洲未来的政策主要走势将围绕加快发展这条主线展开，特别是一些南部非洲国家，很大程度上将与20世纪八九十年代的亚洲国家发展经历相似⑤。为了加快基础设施建设和资源开发、迅速摆脱贫困以至跻身中等收入行列，非洲国家未来的发展政策将更加开放，以便吸引更多的国际资本。但是，如果欧美很快重返非洲，相关国家的发展政策也将面临巨大的不确定性。（3）拉美。未来政策走势和核心是围绕着如何摆脱中等收入陷阱来进行，拉美国家将借力全球经济恢复机遇，并依靠自身资源优势摆脱中等收入陷阱。因此拉美国家货币和财政政策的设计和制定都将反映出这两个方面色彩。

面对当前复杂多变的全球经济格局，各国都在制定应对办法，采取相应政策措施。发达经济体之间、新兴经济体之间由于存在经济实力、发展方式、内外环境等差异，未来政策走向将各有不同，透彻分析主要经济体和国家经济政策走向，对于中国未来的经济转型、对外经济战略制定乃至政治外交都至关重要。

四、在平衡国际关系中培养长期竞争优势是当前中国国际经济战略的选择

一个国家国际经济战略如何选择，既取决于外部环境，也取决于自身实际，尤其是自身优势。改革开放30多年来，中国经济已站在全新平台上，与过去不可同日而语。对外贸易突飞猛进，已经成为全球最大贸易国之一；人民币在国际贸易结算中发挥着越来越大的作用，汇率形成机制不断完善，名义汇率更加接近实际均衡；

很多行业产能和产品产量排名都位居世界前列，国际地位大大提高，话语权也大了许多。中国国际经济地位变化决定了国际经济战略的高度重要性，我们越来越离不开国际市场，但任何举措都会带来连锁反应，越来越难以承受战略失误带来的风险。因此，如何平衡国际经济关系、兼顾眼前利益与培养长期竞争优势、处理好局部摩擦与全球布局的关系，是当前面临的迫切任务。

第一，要在全球市场上进行战略平衡安排。中国不能单纯关注美国。美国虽然仍是重要的国际贸易市场，但中国要注意建立全球市场平衡战略。作为世界第二大经济体和第一大贸易国的中国要进一步完善国际市场布局，进一步加强与非洲、拉美等新兴经济体的合作，寻求与大国、大区域集团（如美国、欧盟）合作的突破。要扩大在亚太、非洲、中东的市场份额，适当降低对美国和日本的依赖。

——降低对美国敏感技术的贸易诉求，实际上这种诉求往往适得其反；积极参与美国主导的贸易规则谈判，最大限度地双向开放非敏感市场，促进贸易与投资增长；将美国作为一个正常的重要贸易伙伴，改变目前存在的外汇储备、商品出口与技术引进等方面严重对美依赖症。

——调整出口战略。取消劳动密集型产品、高耗能和高污染产品出口扶植政策，既可以迫使中国相关企业提升技术竞争力，又可以避免与东盟和南亚国家在国际市场上的低水平贸易摩擦。随着中国企业的技术升级，中国制造的机械电子产品和新材料不仅在新兴市场很有竞争力，即使是在欧洲和大部分中等收入国家也有很强的竞争力，应该加大出口扶植力度，使之成为主要的出口支撑。

第二，将国内经济建设优势转变成国际合作和市场竞争优势。多年来，中国经济发展的高强度投资驱动，培育出领先全球的基本建设能力，如在隧道、桥梁、港口、高速铁路、高速公路、水利等领域里的技术和建设能力均处于领先地位。目前，亚洲、非洲甚至欧洲都有大量的基础设施建设和更新需求。我们有条件、更有必要把这种国内经济建设积累的优势转变成国际竞争优势。一旦这种国际竞争优势树立起来，国内的产能过剩就会得到有效的外部释放。将中国国内的基建优势转变为国际经济贸易优势，应该成为中国国际经济新战略的又一个重要支撑。

第三，扩大双边经济贸易合作，尤其是中国与周边国家的双边贸易合作，实施差别化区域经济战略。坚持双边、多边、区域次区域开放合作，寻找与相关国家、相关地区利益汇合点，以推进自由贸易区建设和人民币国际化为战略重心，深化国际经济贸易关系。

——巩固与亚洲周边地区（如韩国、东盟）的经贸往来，加快丝绸之路经济带和海上丝绸之路建设，加强周边国家的双边贸易合作，加快自由贸易区建设步伐，增进双边货币与金融合作，对于区域经济发展和地缘政治稳定，具有十分重要的意义。

——深化与欧盟的财政金融合作，并以财政金融合作推动市场经济地位谈判，争取尽早建成中欧自由贸易区。

——对资源贸易为主的国家和地区，经贸政策应更加灵活。立足于长期与互利的战略合作思维，增加必要的财政金融援助，加大民间资本的并购投资力度，最大限度降低经济周期循环和国际市场波动对这些国家经济发展的负面影响，形成稳定、互信的经贸关系。

第四，积极推行商务外交战略，变产能过剩的国内发展困境为全球竞争优势。中国目前存在的产能过剩问题，对其分析认识和解决途径，不能拘泥于国内市场的即期供给和需求，而是要从全球市场的角度去平衡，从国家长远发展和国际竞争力的角度去安排。事实上，许多产能大国都曾经出现过和我们今天类似的问题，其出路都是国内结构调整与国际市场拓展相结合，并且依靠积极的国家商务外交战略，变产能过剩的国内发展困境为全球竞争优势。从实践上来看，美国、欧洲一直都在推行积极的商务外交战略。我国过去的外交战略侧重于政治外交，今后要增大商务外交的分量。此外，美国等发达国家正在通过 TPP、TTIP 等高水平的自贸协定重塑国际贸易规则。中国在商务外交谈判过程中，不能满足于签订货物贸易自由化和服务与投资便利化等双边和多边协定，应该更积极地参与全球经济贸易规则的制定，加强与贸易伙伴的相关经济金融政策协调。

注：

①　国际货币基金组织（IMF）《世界经济展望》2014年1月更新经济预测数据显示，2014 年经济增长预期被调降的经济体和国家有东盟五国、中东欧、拉美、意大利、俄罗斯，2015 年经济增长被调降的经济体和国家有发达经济体、中东欧、拉美、美国、俄罗斯。

②　根据美国劳工统计局的定义，劳动力人口年龄为16 岁或以上，且在过去 4 周里有工作或正在积极寻求一份工作。劳动参与率为经济活动人口（包括就业者和失业者）占适龄劳动人口的比率，是用来衡量人们参与经济活动状况的指标。

③ 以美国为主导的"跨太平洋战略伙伴关系"（TPP）和"跨大西洋贸易与投资伙伴协议"（TTIP）将各占世界经济40%左右的份额。

④ 量化宽松货币政策并非美国首创。20世纪90年代日本为应对经济衰退和通货紧缩，就采用过量化宽松货币政策。日本第一次量化宽松政策在1992—1995年生效，动用65.4万亿日元。第二次量化宽松政策在1998年推出，减税2万亿日元，开支增加40.6万亿日元。第三次量化宽松政策在1999年推出，共18万亿日元。第四次在2000年推出，增加11万亿日元开支并成立一个20万亿日元基金，直接向商业机构贷款。第五次在2008年推出，动用5240亿美元去收购破产银行。为应对本次危机，日本再推出第六次量化宽松政策。

⑤ 20世纪80年代，亚洲地区在世界经济中赢得了稳定增长的优势，每年平均增长7%，高于3%的世界平均增长率。90年代，经过多年持续的蓬勃发展，亚洲的经济模式发生很大变化，形成该地区独有的特点：在地区分工下，实行此放彼收的经济策略；亚洲区内相互投资形成新浪潮；贸易增长世界第一。

第三章

经济基础的革命性突破将带来真正意义上的世界经济复苏与中国经济升级 *

与以往危机不同，本轮经济危机持续时间超过 8 年（2016 年时点），从最初的次贷危机到金融危机，最终演变为全球性经济危机，这种多米诺模式，引起全球经济前所未有的分化，破坏了世界经济一体化的发展趋势。而且这次危机经济衰退持续时间长，目前没人知道什么时候结束。总体而言，复苏是艰难的，货币政策、财政政策、产业政策等各种方法手段都被使用，经济发展仍然处在找方向阶段，到目前为止，世界经济并没有摆脱危机影响，既未能确立新的运行模式，也没有找到能够接棒支撑经济增长的新方向。政治家、企业家与经济学家的智慧显得苍白无力，此时宿命论泛起，悲观者除了等待，就是祈求经济自愈。从历史规律上看，科技进步在经济周期转换中发挥着至关重要的作用，每次危机之后的真正恢复与新的增长支撑形成，有待于科学技术水平、生产组织模式和效

---

* 本章的部分观点曾经以《世界经济增长与新科技革命》为题发表在 2015 年 3 月 3 日《经济日报》，《新华文摘》2015 年第 10 期转载。

率等经济基础发生革命性突破。当前世界经济已经来到这一突破的关键时间窗口，虽然我们还不能准确判断这一革命性突破的方向，但材料革命、能源革命、智能革命及效率革命将带来的"基础推动效应"几乎是可以肯定的，中国的宏观经济决策须紧紧把握住这一历史性战略机遇。

一、历史性观察：经济革命与社会经济阶梯上行

观察人类社会经济发展史，波浪式前行、螺旋式上升并形成一个又一个社会经济台阶应该是一般规律。社会经济迈上一个新台阶之前，往往会出现较长时期的经济停滞甚至衰退，习惯上称为"发展陷阱"，而突破"发展陷阱"有待于经济革命。关于经济革命，目前虽然缺乏权威性的定义和共识，但应该是指由于经济基础的根本性变化，带来经济增长质的飞跃和经济规模持续扩张。由于推动经济革命的关键因素是科技，我们习惯于把人类历史上的巨大变化称为科技革命，也称为工业革命，但其实质和结果都是经济革命。观察近 250 年来人类经历的三次科技革命和经济周期，不难得出这样的结论：经济上行期的长度取决于经济基础中最重要的技术进步所释放的推动力能够维持多久，技术进步越具有革命的性质，推动的经济上行就越长；同样，经济下行以至于衰退期的长度也取决于新的具有革命性技术进步酝酿的时间长短。可以说这期间，世界经济一直在循环着这样的运行周期：诞生重大科学技术突破——重大科技突破与资本结合并完成产业化——技术进步效应向经济各个领域延伸——形成经济增长的产业支撑并带来经济基础和运行模式的

全方位变革——经济发展呈现全球性的"趋势一致性繁荣"——经济泡沫化导致资源配置扭曲、技术创新动力衰减——重大科技突破的红利逐渐消失——经济在原有技术基础和模式上停滞不前、增长陷入胶着——滋生严重的生产过剩、信用违约、爆发大规模的经济危机。

第一次科技革命始于 18 世纪中叶，1765 年蒸汽机发明，世界经济发展迎来高潮。但蒸汽机技术革新带来的推动作用到 19 世纪初逐渐减弱，1825 年爆发了第一次普遍性的工业生产过剩危机。随后 1829 年蒸汽动力火车的发明带来了铁路大发展，经济发展掀起了又一轮高潮。这种科技革命的红利到 19 世纪中叶终于结束，铁路投机的破产引发了 1857 年的世界性经济危机。而后还是依靠科技突破使世界经济从危机中彻底走出。1866 年西门子研制发电机成功，1876 年贝尔发明电话，1879 年爱迪生发明电灯。这三大发明开启了第二次科技革命，经济进入新的发展周期。一直到 20 世纪 20 年代末，电力、通信和汽车对经济的拉动作用逐渐减弱，1929 年发生经济大萧条。后来又经历二战，直到 20 世纪中叶，以原子能、航天、电子计算机为代表的第三次科技革命爆发，世界经济发展再次进入黄金期。

1950—1972 年，西方国家工业增长率由两次世界大战期间的年均 1.7% 迅速提升至 6.1%，其中科技进步对工业增长的贡献率大幅攀升至 60%。但是到 20 世纪 70 年代初，原子能、航天、电子计算机所带来的推动力明显减弱，加之随后爆发的石油危机，世界经济陷入低潮。后来随着大规模集成电路的发展成熟，70 年代后期第三次科技革命又开启了新的阶段，形成包括信息技术、生物工程技术、新能源技术和海洋技术等在内的新"技术群"。到90年代，互联网技术又接棒引领经济增长，一直到21世纪初网络科技泡沫破灭。

从长周期来看，第一次科技革命前后经历蒸汽机和铁路两波高潮，至第二次科技革命间隔90年；第二次科技革命前后经历电力和内燃机，与第三次科技革命间隔70年，相距越来越短；自20世纪中叶至今，第三次科技革命已历经原子能、航天、电子计算机和信息技术、生物工程、互联网两个阶段，历60余年。20世纪上半叶奠定的科学技术基础已经无法承担继续拉动世界经济增长的重担，其带来的增长周期到网络科技泡沫破灭已经走到尽头，这时原本应该来到诞生新科技革命的窗口。

但是冷战结束后，作为唯一的超级大国，美国在科技研发上的动力和投入逐渐下降。一方面，国防预算占政府支出由1990年的23%降至2000年的15%，拖累了国防科技研发，而美国顶尖的民用科技大多是由国防科技转化而来；另一方面，房地产和金融创新让美国人暂时找到了新的利润增长点，同时史无前例的全球化进程使得企业可以避开在技术研发上的高投入，转而通过向其他国家进行重复性的产能扩张来获得高额回报。这两方面原因导致21世纪至今世界经济再无重大科技创新，反而陷入了金融和房地产泡沫，终于引发了2007年次贷危机以及随后的全球性经济金融危机。

而从历史规律来看，经济危机往往是孕育诞生重大科技突破的黄金时期。一方面，投机走到尽头，创新动力开始激发；另一方面，科技创新所需的各项要素成本降低，新科技应用于工业生产所需的资源，包括金属、能源、各种物资等，也都不断降低价格。

1825 年经济危机带来了蒸汽动力火车；1857 年经济危机孕育了能量守恒定律和细胞学等，随后带来电力的发明以及现代生物医药产业；1929—1933 年大萧条以及二战孕育了原子能、空间技术和电子计算机；20 世纪 70 年代的经济低潮则催生互联网信息技术的大发展。当前正处于本轮经济危机的后期，很有可能孕育突破性的科学技术成果，包括中国在内的全球各国应积极地为此创造条件。

未来经济革命性突破会发生在哪些领域？我们可以从以往科技革命的共性特征和演变趋势上找到一些线索：每一次科技革命都建立在上一次基础之上，而新的科技突破也必然延续这样的趋势，建立在既有成果上，解决当前束缚人类生产生活进一步提升的突出问题。第一次是用机器生产代替了人力，第二次使人类社会电力化，第三次则带来了通信方式及生产效率的全方位变革。机器的应用引发了对电力能源的需求，而信息技术革命的基础又是电力革命。每次科技革命都伴随生产力及生活方式的跨越性变化。此外，科技革命越来越表现出"技术群"的特点。第一次主要是蒸汽机，第二次涉及电力、汽车、现代医药等，而到第三次更是分布到信息技术、航天、原子能、生物技术、新材料等众多领域。原因在于人类生产活动越来越复杂，各领域之间必须高度交叉融合、相互支撑。综合技术进步和产业发展的历史规律以及近年来发达国家政府部门和大型财团的战略动向，材料创新、能源利用、智能经济以及效率革命将共同构成未来经济基础的革命性突破方向。

虽然对于现在处于第几次产业革命，以及德国工业 4.0 算不算工业革命，存在不同的理解，但是各个发达国家开始重新重视先进制造业的发展确实是个不争的事实。这里我们先审视一下发达国家的"再工业化"浪潮，重点看一看德国、美国和日本。

德国向来以高质量制造和贸易强国，为保障核心竞争力，2012年年底，德国产业经济联盟向德国联邦政府提交《确保德国未来的工业基地地位——未来计划"工业 4.0"实施建议》。工业 4.0 是利用信息与通信技术和生产制造技术的深度融合，通过信息物理系统技术建设物与服务联网，在产品、设备、人和组织之间实现无缝集成及合作。德国认为近 10 年来企业核心竞争力发生进化，企业的核心竞争力已经从产品质量控制，转移到了客户价值创造，这种变化对企业的能力提出了前所未有的要求。在工业 4.0 时代，消费者可以直接向智能工厂定制商品且价格更低，淘宝这样的电子商城也将面临极大压力。过去企业出售的商品主要是产品，消费者使用后才会产生价值，比如纺织品、食品、家具、车辆等，现在企业向客户提供的则是价值，以及各种系统和基于系统的服务。为客户创造价值意味着企业需要能够生产更复杂更先进的产品和系统。德国正在坚定推进工业 4.0，当前德国经济仍然保持增长与此不无关系。

再看一下美国。美国今天为什么出奇地增长？回溯观察，1900年美国实现工业化，20 世纪 80 年代完成现代化进程，但从 20 世纪 80 年代初起，由于放松了对金融市场的宏观监管，虚拟经济恶性膨胀，2007 年爆发次贷危机。2009 年初，美国开始调整经济发展战略，同年 12 月，公布《重振美国制造业框架》，2011 年 6 月和 2012 年 2 月，相继启动《先进制造业伙伴计划》和《先进制造业国家战略计划》，实施"再工业化"。通过这些计划促进了美国先进制造业发展。据《经济参考报》报道，美国波士顿咨询公司不久前一份研究报告说，由于竞争力上升，美国在未来 6 年内每年将从欧洲、日本和中国等出口大国夺取 700 亿到 1 150 亿美元的制造业出口额。美国的"再工业化",包括调整、提升传统制造业结构及竞争力和发展高新技术产业两条主线。美国制造业并没有衰落,2010 年美国制造业产出近 1.8 万亿美元,稍稍领先于中国,比日本制造业产出高 2/3,是德国制造业产出的三倍,仍是世界最大的。2011 年,美国制造业产量创历史纪录,比 1990 年高 6 倍。美国制造业的主要问题是就业岗位在减少,成因主要是国内生产自动化和劳动力成本过高,迫使美国大公司将产业转移到国外。1970 年,在美国全部 7 000 万就业岗位中,在制造业就业者近 1 700 万,占 25%。到 2012 年,在美国 13 370 万就业岗位中,在制造业就业者只有 1 190 万,仅占 9%。美国政府鼓励"制造业回归"以来,已出现某些制造业回归美国迹象。美国"再工业化"调整产业结构,转变发展方式,发展先进制造业。比如 3D 打印技术产业已成为美国"十大增长最快的工业"之一。3D 打印技术或许具有蒸汽机或电话相似的时代意义,很可能预示新的工业革命正在到来。美国政府提出"再工业化"旨在达到"一石数鸟"效果:短期刺激经济复苏、缓解严重失业缓和社会矛盾;中期结构调整,培育新的增长动力,促进经济再平衡;长期目标是抓住新一轮产业革命之机,谋划战略主导权,重塑国家竞争优势。美国"再工业化"与"制造业回归"是奥巴马上台以来大力推动并已初见成效的一项经济战略,跨国公司海外制造业已出现回归美国的初步迹象。

最后看看近邻日本。虽然其 2014 年 GDP 只有中国一半,但是日本安培政府极端重视高端制造业的发展,大规模编制技术战略图。首先,政府加大了开发企业 3D 打印机等尖端技术的财政投入。

2014 年，经济产业省继续把 3D 打印机列为优先政策扶持对象，计划当年投资 45 亿日元，实施名为"以 3D 造型技术为核心的产品制造革命"的大规模研究开发项目，开发世界最高水平的金属粉末造型用 3D 打印机。其次，快速更新制造技术，提高产品制造竞争力。近年日本制造业出现了三个新现象。一是采用"小生产线"的企业增多。本田公司通过采取新技术减少喷漆次数、减少热处理工序等措施把生产线缩短了 40%，并通过改变车身结构设计把焊接生产线由 18 道工序减少为 9 道，建成了世界最短的高端车型生产线；二是采用小型设备的企业增多。日本电装公司对铝压铸件的生产设备、工艺进行改革，使得铸造线生产成本降低了 30%，设备面积减少 80%，能源消费量降低 50%；三是通过机器人、无人搬运机、无人工厂、"细胞生产方式"等突破成本瓶颈。佳能公司从"细胞生产方式"到"机械细胞方式"，再到世界首个数码照相机无人工厂，大幅度地提高了成本竞争力。

无论是从工业增加值指标，还是从经常贸易账户余额来看，美欧发达国家在全球金融危机以来推行的"再工业化"发展战略已取得了初步成效。

与此同时，中国制造业发展的前景却出现令人忧虑的迹象，产能过剩问题一直困扰我国制造业发展。现有国际产业分工格局中，发达国家主要占据产业链高端环节，中国制造业仍主要集中在中低端，目前的产业转移压力主要来自其他劳动力成本更低的发展中国家，"再工业化"中出现的制造业回流发达市场，对中国虽会有一些影响，但总体冲击程度有限。但是需要警惕的是，发达国家可能将通过"再工业化"再次占领制高点，对中国提升产业竞争力形成挑战。在即将到来的第三次工业革命中谁为主导虽然尚未有定论，但"再工业化"与第三次工业革命的结合，将可能使发达国家在科技、信息、资本等方面长期积累的优势进一步强化，抢占全球产业链关键环节，主导新型装备、新材料的生产和供应，成为未来科技革新与产业革命红利的主要受益者，这将对中国提升产业竞争力形成挑战。

二、着眼长远发展动力：世界经济期待四大标志性革命

以历史唯物观点看，前三次科技革命进程中每一次都与上一次呈因果关系和逻辑延续，并且革命始终朝着解放生产力、提升生产效率、提高人类生活质量的方向前行。在蒸汽机代替人工、水车后，机器的应用又引发了对电力能源的需求，而信息技术又依赖于电力拉近人类之间的距离。新的科技突破也必然延续这样的趋势，建立在既有成果上，解决当前束缚人类生产生活进一步提升的突出问题。

通常材料与能源、信息并称为现代科学技术的三大支柱。世界经济未来能不能突破发展陷阱，取决于这些支柱能否出现标志性革命。首先，材料革命。材料的发展，不仅事关生产力革命，而且还推动着生产关系的调整、社会的进化、时代的变迁和文明的进步。新材料是带动传统产业升级的革命力量，是推动技术创新的先导，历史上每一次重大新技术的发现和某种新产品的研制成功，都离不开新材料的发现和应用。21 世纪，高性能、多用途、先进的材料将会更加显示出它强大的推动力。美国把新材料列为影响经济繁荣

和国家安全的六大类关键技术之首，把材料科学与工程视为与技术进步、经济竞争力、国家安全具有密不可分的启动技术给予更加充分的重视。可以说，材料科学技术的发展水平及规模，已成为衡量一个国家科技进步、综合国力的重要标志。其次，能源革命。实现能量的转换和利用，创造了迄今文明史。这是从摩擦取火到制造蒸汽机，从电力使用到核能利用，直至创造出工业社会的高级阶段为止的历史时期。第三，智能革命。实现智能的转换和利用，将使人类文明史出现伟大转折，开创后文明时代。这是从智能机器的制造到广泛作用，引发智能"核爆炸"，使人的智能及机器智能的潜力最大限度迸发出来，导致社会发展智能化，创造出智能社会的历史时期。后文明的新篇章是由智能人与智能机共同谱写的。第四，效率革命。提高生产效率一直是人类经济活动的重要内容。提高生产效率，必须进行技术变革、生产组织和管理方式的改进。信息时代，互联网时代，云计算和大数据应运而生，将使生产和组织效率取得革命性突破，对人类经济发展将产生极为深远的影响。

（一）材料革命

材料是物质发展进步的基础，人类由石器时代、青铜时代进入铁器时代，每一次材料的突破都带来经济的大飞跃。反之亦然，材料也束缚进步，例如航空航天领域要求的耐超高温与超低温、超强度与超韧性、超级耐腐蚀等特殊材料，千百年以来长期困扰人类飞天梦想。可以说，材料的进步在经济革命、科技革命、工业革命中扮演了重要的角色。钢铁的发展为第一次世界工业革命奠定了物质基础；硅单晶和相关半导体材料的发明和应用则为第二次世界工革命起着先导和核心的作用；激光材料和光导纤维的发现，使人类社会进入"信息时代"。合成材料，塑料、合成纤维和合成橡胶这三大有机合成材料对航空航天、医疗等各个领域的发展进步都起到了基础性支撑作用。可以说，没有材料科学的同步发展，现代经济便不可能取得这样大的成就。

材料进步能够改变经济主体之间的竞争规则，尤其是各种人工合成材料，在技术和工艺创新的支撑下，能够通过变换配比组合以及设计加工，实现多种性能，使企业之间的竞争态势瞬间反转；材料进步还能够加快产品升级换代，并不断催生新的行业。比如新一代的石墨烯材料。石墨烯越来越多的优良性能被世人开发出来，其强度最高、韧性最好、重量最轻等众多惊人的优良性能在众多领域都有着极为广泛的应用，也因此被称为具有革命性意义的新材料。它具有高透明性，电阻率较铜和银更低，基于石墨烯开发出的新型储能设备能够大大缩短充电时间，并可以作为新型导电导热材料，用在光伏和光热产业。

随着科技的发展，社会的进步，所使用的材料也在不断地发展。继石器材料、青铜材料、混凝土材料、钢铁材料、合成高分子材料后，现在国内外又提出了智能材料。智能材料不但对外界环境具有敏感能力，而且还具有识别、分析、判断、动作等功能。因此，若将基体材料看成是人体的骨骼与肌肉，那么智能材料结构就相当于在骨骼与肌肉的基础上再加上神经和大脑而组成的有机的系统。而智能材料结构则是由多种功能材料与器件等合成，具有仿生命功能的材料系统。随着材料技术、生物技术、信息控制处理技术、物理、化学科技的不断发展，人类最终实现真正意义的智能材料与结构，并建成高仿生功能的智能大厦。

作为科技革命的重要组成部分，材料领域当前已经来到取得新的革命性技术突破的关口。在超高温与超低温、超导、超强度、超耐腐蚀等领域，都在酝酿技术突破。而这些突破一旦成功，就会对产业发展带来革命性变化，对经济增长产生倍数或乘数推动效应。可以这样说，谁能够在材料领域取得革命性突破，谁就能够在新一轮科技革命中占得先机。

（二）能源革命

能源在经济系统中也发挥着基础性作用，能源革命在前三次科技革命中都扮演关键角色。从化石能源到电力能源，再到原子能，人类能源使用方式和技能的提升以及新能源种类的出现，都与经济革命相伴相生，未来也不会例外，能源领域的革命性突破必然会成为重点内容。

从技术突破的紧迫性来看，当前能源领域的变革已经迫在眉睫。第一，石油、煤炭等化石燃料不可再生，而其消耗速度又在不断加快；第二，化石燃料带来日益严重的污染问题，破坏整个生态系统的稳定，已经到了令全人类无法容忍的地步；第三，核能、太阳能、生物质能源等新型能源产业的兴起给人类充分并合理利用新能源增强了信心，也为人类描绘出未来能源供给的宏伟景象。

而从技术进展情况来看，各种清洁可再生能源的开发利用都面临技术瓶颈，亟待突破。比如解决核能所带来的核污染风险，核聚变方面的原料和技术突破是关键；风能、太阳能、生物质能源的高成本问题是制约这些清洁能源广泛利用的关键因素；电池材料方面的技术突破以及同样存在的高成本问题是电动汽车代替燃油汽车的最重要环节；等等。在新的科技革命中，能源领域的这些关键技术将实现突破。目前一些国家在这方面非常积极并展现出雄心。比如美国计划在 2015 年前将太阳能发电成本减低一半，使其可以与普通电网零售电价相比，还计划将电动汽车电池成本降低 70%。

除了这些新能源的技术突破外，新的能源革命还将更多地关注能源运输和使用方式，这将使能源利用更加高效。2014 年以来石油价格破位下行，与页岩油技术革命等供应端有关，更多的可能是需求减少所致，其中能源利用效率提升是不可低估的重要因素。此外还有新能源加入与能源输送革命也不可忽视，例如建筑将具有收集转化风能、太阳能、生物质能等可再生能源的功能，每一座建筑都将成为一个微型的发电厂；利用互联网技术将全球电网转化升级为一个整体性的能源共享网络，以更高效、更合理地分配和利用电力能源。

（三）智能革命

智能经济是指借助各种技术，减少经济活动对人这一要素的依赖，真正实现经济系统的数字化、智能化，自主运行、自我优化。它将使得单位产出率大大提高，从而实现经济飞跃。社会生产生活将更加精细化和精准化，资源利用将更加集约化和高效化，决策判断将更加具有前瞻性。

信息是现代经济的核心，信息技术在 20 世纪 70 年代以前是电子计算机的发明应用，70 年代后随着大规模和超大规模集成电路的发展，以及后来的互联网技术突破，信息技术由收集、存储、运算发展到传递、搜索和互联。总体来看，目前信息、数据和思维还是处于"被动处理"的状态。这是电子计算机、通信、互联网行业一直以来面临的一个最大的壁垒，并对经济系统其他各个领域的发展都形成严重制约。但是近几年来，随着大数据、云计算、移动互联、人工智能乃至生物仿真等领域取得进展，这一最大壁垒有望被跨越，信息技术将发生前所未有的革命性突破，人类经济发展将进入"信息主动处理和优化"的智能经济时代。

例如，传统电网存在不支持大规模间歇性电源与分布式电源接入等问题，智能电网能使这一问题得到有效解决；通过移动和无线互联技术，传统的、独立的机器设备将连接成网，在智能工厂中，这些社区化互联的机器设备能够彻底将人类从生产活动中解放出来，制造业将实现数字化和智能化，自生产、自管理、自优化，带来能源、资源的最高效利用；智能化的工业机器人能够在生产过程中自主检测、控制、优化、调度、管理和决策，达到企业自动化的最高水平；大数据和云计算这两项技术突破将带来数据信息搜集、存储、处理利用效率的革命性提升，经济活动中的各方之间将更加洞悉彼此的诉求，产品从设计、生产到销售都将更加高效，从盲目到主动，可能是未来新的开端。

在技术突破的支撑下，未来智能经济将深入人类生产活动的各个领域，一些智能化的设备和元器件将嵌入到电网、公路、铁路、交通设备、供水系统、油气管道等各种物体中，带来基础设施智能化、智能电网、智能教育、智能家居、智能交通、智能环保、智能医疗、智能水利等全方位变革。智能制造、智能机器人、智能手表、智能手机、智能皮肤等等无论是产品还是技术，智能创新永远在路上，在智慧地球理念下，只有想不到，没有做不到。

（四）效率革命

效率是效益的源泉，提高效率应是经济改革的目的，经济改革从根本上说就是一场效率革命。经济革命首先必须树立效率优先观念，创造良好的效率环境，追求一种充满生机和活力的效率经济。效率革命重点在于提高物流效率、金融服务效率、政府效率，最大限度降低成本。工业生产的实质则将各种要素组合转化成产品和服务，在要素数量一定的情况下，能得到多少产品和服务，其中的关键就是效率高低。人类社会发展至今，无论在哪个阶段，提高生产效率一直都是经济活动的重要内容。而提高生产效率除了技术变革外，体制改革、生产组织、流程再造和管理机制的改进也是一个非常重要的途径。

生产和组织效率取得的历次革命性突破对人类经济发展都产生了极为深远的影响。例如，金融使得资金这一重要生产要素的流通和配置更加高效；20世纪初福特发明流水线装配工艺使得产品组装效率大幅提高；80年代后供应链思想的应用使得从原料采购、仓储一直到产品配送这一整个流程更加集约和快速；等等。当前发生的经济危机使得全世界更加深刻地认识到，在一个缺少重大科技突破的时代里，降低成本提升利润的一个重要且可行的办法就是依靠生产组织模式创新提高要素利用效率。

效率革命在当前互联网和信息技术高度发展的情况下也拥有充足的技术支撑。比如，依靠互联网信息平台，提高物流调度效率和物流设施设备利用率，降低物流成本；依靠互联网虚拟渠道向客户提供金融服务，不仅可以使银行减少网点建设和机器设备购置的投资成本，而且还能够压缩服务中介环节，提升服务效率；集中互联网上的人力、智力和财力，进行住房小区、智慧家居设计、建造和销售，甚至可以无须房地产公司的参与，大幅降低成本。

生产组织和管理方式变革的另一个重大趋势是，在互联网、智能化机器设备的支撑下，前三次工业革命形成的传统的集中生产经营活动模式将重新回到分散化模式，这些分散化、扁平化的生产单元将彼此互联合作，构成相互协同的庞大网络，能源、资源等将更加合理地分配和使用。未来产品设计可在硅谷，制造在德国、组装在中国、消费在美国，国际分工不再传统守旧，而是效率革命下的全球协同协作。

一国如果能在科技革命中占据先机，就能够在产业和产品上迅速形成巨大的竞争优势，创造出新的市场，并辐射其他经济体，引领全球经济发展，同时在军事、政治、文化等方面建立"强权"。而当有一天创新停滞，价格竞争、失业随之而来，产业衰退，市场萎缩，直到出现另一个国家引导新一轮科技革命，原有大国被新的经济"强权"所取代。这就是科技革命决定大国更迭的逻辑。

三、启动三大战略性投资：兼顾即期稳定与长远发展的中国策略

历史观察表明，科技革命是经济实现跨越式发展的捷径。第一次科技革命造就了英国的世界霸主地位，第二次科技革命使得发源地美国成为新的世界霸主，第三次科技革命则进一步巩固了美国的

霸主地位。审视历史，在全球大国格局演变中，科技革命发挥着决定性作用。

当前我们实现国家和民族复兴面临最好的历史契机。科技革命已经沉寂 60 余年，前三次我们都错过了，未来如果能抓住第四次，有机会在较短时间内实现国家崛起、民族复兴；如果抓不住，科技革命最终花落美国的话，我们面临的局面将更加危险和艰难。未来已来，为了抓住新科技革命，中国经济发展应做出如下战略性选择。

（一）装备制造业技术更新战略

改革开放以来中国工业的发展现状，可以归结为四个方面：一是为满足低效率投资而不断生长的钢铁、水泥等消耗资源、破坏环境、产能过剩的原材料工业；二是以满足出口为动力的服装鞋帽玩具等轻工业；三是以电子元器件制造和组装为代表的位于全球产业链底部的低端加工制造；四是汽车轮船飞机等以市场换技术为初衷、却以牺牲创新和自有知识产权匮乏为当前窘境的大而不强的民族支柱工业。在可预见的未来，低端出口不可持续，原材料工业的结构过剩已成为毒瘤，原有的装备制造业也逐渐失去了应有活力和市场。

中国需要加快工业更新升级，尤其是先进装备制造业技术更新、传统工业升级换装，只有这样才能在全球产业链中重新找回自己的那一环，才能巩固中国"世界工厂"的地位，只有加快工业更新升级才会为中国工业提升价值空间、积攒技术创新空间奠定基础，并为材料革命、能源革命、智能革命、效率革命的中国化生根发展提供土壤。

先进装备制造，应着眼于全球工农业生产的高端占领、国防工业的自给自足以及军民工业的深度结合，瞄准航空产业、卫星及应用产业、轨道交通装备业、海洋工程装备、智能制造装备五个领域，大力发展具有高技术含量和高附加值的高端装备制造产业。

传统工业升级换装，要立足中国制造业现有的基础和产业转移布局，推动原材料工业、汽车工业、纺织工业等传统制造业由加工制造向价值链高端和绿色高效延伸。经济转型的背景下，行业内较为单一的生产制造模式将逐步转变，产业链上下游延伸、向制造服务型与外包型服务模式转变，自主创新成为新的趋势。传统工业要通过升级换装，完成工业与服务业的合理剥离和再融合，实现工业主业的轻装前进与生产性服务业的蓬勃发展。

以高铁为例，高铁是车辆、轨道系统、信号及调度系统、电力供应系统等众多系统的结合，每一个子系统都涉及非常复杂并且专业的技术。根据系统工程学的观点，系统的复杂性远大于子系统和子系统元件的复杂性的简单加总。从单个产品，到系统，再到基于系统的服务，对企业的能力要求成指数级别增长。此外，复杂的系统也意味着更复杂的供应链和价值链，以及更多的参与者。再以节能环保设备为例，考虑到能源利用效率提高的间接经济效益以及经济增长带来的能源需求增加，我国的节能产业的市场规模将迅速扩大，节能环保业需要给予关注。按照《节能与新能源汽车发展规划（2012—2020 年）》，中国将最终实现插电式混合动力汽车及纯电动汽车的产业化，同时将加快研发燃料电池汽车技术。到 2020 年，新能源汽车产业化和市场规模达到全球第一，其中新能源汽车（插电式混合动力汽车、纯电动汽车、氢燃料电池汽车等）保有量达到500万辆；以混合动力汽车为代表的节能汽车销量达到世界第一，年产销量达到1 500万辆。这将带来巨大商机。

好的机器设备条件对于开展技术创新非常重要，没有一流的生产线，技术提升就无从谈起。我国目前已经是全球制造大国，如果能够在目前的基础上实施技术设备升级和精细化改造，打造世界工厂2.0版，那么产能强大、门类齐全的工业体系就能成为孕育诞生重大技术突破的最好土壤。

（二）继续领先的信息基础设施投资战略

加大信息基础设施投资建设，为智能经济发展提供优秀的硬件环境。智能经济革命需要优秀的信息基础设施作硬件保障，比如宽带网络、无线设备等等。应该说，2010年以来我国信息技术领域的投资强度在全球处于领先地位，对于提升社会经济效率起到无法估量的影响。新一代信息技术涵盖技术多、应用范围广，与传统行业结合的空间大，在经济发展和产业结构调整中的带动作用将远远超出本行业的范畴，应该继续加大投资强度。

发展新一代信息技术产业，国家政策明确为六个方面：三网融合、物联网、新型平板显示、高端集成电路、高端软件和下一代通信网络等。三网融合方面，应加大对位于产业链上游的设备制造领域的投资，包括：光纤光缆、电子元器件等设备；对中游的广电运营商和电信运营商及下游的内容和服务提供商，应通过改革手段破除垄断，着力提高其运营和服务能力，提高市场化运作水平。物联网方面，从产业链结构看，分为上游的传感器、通信设备，中游的有线网、无线通信、广电网等网络层，下游的监控、智能交通、智能城市、安全、医疗等应用领域，现阶段，ETC 业务不断推广，自贸区实施电子围网隔离，我国应着力依托交通物流领域的智能化发展切入物联网建设，进而逐步扩大物联网建设；高端软件方面，工业设计和生产管理的高端软件开发是信息技术产业的重要部分，以发展云计算为代表的高端软件领域应成为投资重点，与支撑云计算相关的运行设备制造应率先发展，国家应将华为、浪潮等龙头企业作为战略发展阵地，在人力、金融、财税等各方面给予支持鼓励；新型平板显示方面，主要支持高世代 TFT—LCD 面板生产技术；支持 AMOLED 技术研发和产业发展；高性能集成电路方面，我国传统电子制造产业普遍较为低端，高性能集成电路已成为我国继原油之后另一严重依赖进口的领域，这其中既有面对民用领域的网络通信芯片制造，又有面向航天国防领域的军工技术核心，我国应着力打造电子制造产业升级，加大集成电路行业制造环节的投资扶持力度。

（三）全力推进科技创新与人力资本积累战略

中国新一届政府已经明确了创新驱动的发展战略，就是要推动以科技创新为核心的全面创新，坚持需求导向和产业化方向，坚持企业在创新中的主体地位，发挥市场在资源配置中的决定性作用和社会主义制度优势，增强科技进步对经济增长的贡献度。

政府应有的作为。首先是引导，包括政策引导和财政引导。出台合理的产业规划引领产业发展方向，进而引导企业和科研单位进行方向正确的科学研究，加大科技研发和教育投入，并且杜绝以往撒胡椒面式的财政拨付模式，集中力量看准项目进行投入，一来提高投资的效率，二来为社会资金的投向提供引导。其次是造势，包括为科技创新型企业造势，通过财税金融土地出口等政策为企业发展推上一把。此外，营造一个保护知识、尊重知识、为知识叫好叫卖的良好社会氛围，为知识和创新造势。再次是放权，弱化和退出政府在科研领域的过分行政干预，还权于企业，还利于市场。最后是教育，真正把教育和人力的投资放在重要地位，尊重思想，尊重多元化，尊重有思想的人，要有长远的战略眼光，要多关注农村和弱势群体儿童的人文教育，要让教育的成果在几十年上百年后得以体现。

科技体制改革方面，重点关注以下几个方面：国家层面科研项目建设规划、集中资源进行重大科技攻关、培育具有国际竞争力的民间科研机构与战略研究智库、强化知识产权的立法保护、科技成果的战略性释放与市场化推广相结合的应用体系。我国国家科研资源分散化、研究成果功利化和短期化、民间科研工艺化与碎片化情况比较严重，科研体制存在许多熟视无睹的弊端。一位曾经参与国家重大项目可研评审的专家，从实际工作中恍惚看到了科技体制上的一些弊端。他向我谈道，国家在科研方面的财政投入真的很大，但是到头来每个科研院所都有一台同领域同型号的顶级设备，闲置在那里根本没有用处，就像我们国家发射的一颗颗卫星一样，农科院搞了一个卫星监测植被，国土部搞一个监测耕地，气象局搞一个看云图，其实好多任务采用的频率功能是重叠的，没有一个卫星是满负荷运转的，没有必要搞那么多。此外，科研经费除了用于买设备，更多的用于业务考察和国内盖楼，不仅要盖楼，楼下还要种花种草，还要有水景建筑，钱花得冤枉，可真正用于研究的设施又只能满足当前需要，没有前瞻设计。

这里重点提出教育投资问题。这是被误解、被忽视的问题，但是事关国家长远发展。在现代经济中，教育投资被视为经济增长的"引擎"。早在 200 多年以前，经济学界的先驱们就已经对教育在国民经济发展中起到的促进作用开始了研究。当时，亚当·斯密在其《国富论》中就具体阐述了教育的资本价值，并认为受过教育的劳动力具有较高的生产效率。近年来，发展中国家开始注重对教育的投资，因而其经济增长速度也开始明显上升，由此可见，教育投资对经济增长有显著的影响。

物质资本在生产和经济增长过程中，由于磨损或损坏，其收益和效率是递减的；而教育投资对于经济增长的作用却表现出收益递增的特性。教育投资导致知识的积累，而知识在经济运行过程中发挥功能时具有两个重要的特点：其一是外部性，即一种新知识或新方法在在单个企业或部门的运用很快会对其他企业或部门产生示范作用，从而形成外部经济效应；其二是累积性和扩张性，指的是随着知识量的增长，其所蕴含的生产能力将呈现倍增的扩张趋势或质的飞跃，当一种知识存量发展积累到一定程度而出现新的创新时，往往会带来生产方法的重大变革和生产能力的成倍增长。由此表明，用于传播知识、促进科学、技术进步的教育投资从总体和长期上看具有收益递增的特点。

到了 20 世纪下半叶，学术界普遍认可了教育是促进经济发展的重要因素之一这种论断。而且不少实证研究也不断证实了教育对国民经济发展的巨大贡献。中国经济实力的增强和实行的科教兴国战略是有直接关系的，也可以推断这样的增长趋势会持续下去。教育投资的增长趋势是社会经济增长的必然结果．首先，人们的教育需求随着经济的增长而增长，进而促进了教育投资的增长；其次，国家经济的不断增长，也为教育投资的增长提供了物质保障。

实施上述战略措施，仅是适应新经济革命的重点，还须特别注意，在鼓励企业走出国门进行横向扩张的同时应当更加重视技术水平上的纵向内涵式提升，切勿在盲目扩张中丧失创新动力。其他国家的历史教训提示我们，全球化有可能让企业迷失在全球市场带来的巨大利润中，忘记在产品技术提升上加大投资。这是十分危险的，企业须永远牢记，自身技术水平的提升永远是第一位的。只有真正做到这一点，科技革命之花才会在我们国家长久盛开，经济革命才能帮助中华民族实现复兴。

附：

启动装备升级战略的背景与意义 *

2012 年以来，投资需求、消费需求和净出口需求的增速持续下滑，其疲弱态势不断拖累经济下行。深入观察分析以后发现，在需求疲弱现象的背后，存在着大量供给方面的因素，产能过剩、市场交易数据下滑只是表面现象，其背后掩盖着有效供给能力不足、供给方式落后问题。当前，中国需求结构已经升级，接近发达国家的水平，但供给结构和供给方式仍然停留在 20 世纪 90 年代末期和 21 世纪初的状态。技术装备水平进步迟缓，产业结构调整缓慢，产品结构远远不适应迅速变化的需求升级，出现供给制约需求实现的特殊矛盾。

一、"需求疲弱"只是数字表象，数字背后的需求欲望依然强劲

宏观经济上，总需求由消费需求、资本形成需求、净出口三大部分构成，资本形成需求一般也称为投资需求。2012 年以来，这

---

* 《中国金融》2015 年第 9 期署名文章，《现代商业银行导刊》2015 年第 9 期署名文章。

三大需求的实际交易数据呈下行走势，然而从三大需求要素支撑及货币扩张支付能力来看，目前并未出现真正意义上的总需求约束。

1. 居民消费水平和消费能力不断提升，提高生活质量的愿望迫切，需求结构已经接近发达国家水平，而且潜在消费需求十分旺盛

我国人口数量超过 13.5 亿，人均 GDP 于 2008 年越过 3 000 美元后，2014 年突破 7 500 美元，不仅增长速度居全球前列，绝对水平也跻身中高收入国家行列。联合国根据恩格尔系数的大小，对世界各国的生活水平有一个划分标准，即一个国家平均家庭恩格尔系数大于 60% 为贫穷；50%—60% 为温饱；40%—50% 为小康；30%—40% 属于相对富裕；20%—30% 为富足；20% 以下为极其富裕。我国居民家庭恩格尔系数已降至 30%—40%，居民消费结构已接近发达国家水平，年均收入 10 万元以上的富裕家庭快速增长，资产 1 000 万元的富人阶层不断涌现。

近年来（2011），随着国民收入分配格局向居民倾斜，不仅居民收入增长快于 GDP 增长，而且居民收入结构也发生了巨大变化。2004 年城镇最高收入户的人均收入（10%，27 506 元）是最低收入户（10%，3 084 元）的 8.9 倍，2012 年最高收入户人均收入是最低收入户的 7.6 倍，高收入户与低收入户的收入差距呈缩小之势；农村居民收入增速快于城镇居民，城乡收入差距不断缩小；居民收入基尼系数从高峰时期的近 0.5 下降到目前的不到 0.47，中低收入群体的收入增速高于高收入群体，居民边际消费倾向扩大。社会保障水平不断提高，2010 年人均社会保障支出 1 781 元，2014 年增

长到 2 411 元，社会保障水平比 2010 年提高 0.12 个百分点。随着
住房、医疗和养老的不确定性降低，居民储蓄倾向逐渐降低，国内
总储蓄率呈稳定下行之势，消费倾向增加。

随着收入增加，居民提高生活质量的愿望迫切，例如大中城市
中高收入阶层改善住房需求（扩大居住面积和提高品质的改善性住
房、第二套住房等）、中等收入阶层的汽车需求（人均拥有量增长
速度、轿车置换速度、家庭第二辆车等）以及几乎所有城镇居民都
表现出来的智能家电、绿色有机食品、基础教育与职业培训、境内
外旅游、保健式医疗、前瞻性养老准备等成熟经济体特有的高级别
消费需求，这种消费结构升级换代的趋势明显，需求拉动的空间可
能超出我们的想象。因此，无论是从消费水平和消费能力，还是从
消费欲望角度，我国都不存在消费需求约束。

2. 投资需求空间广阔，潜力巨大

随着经济发展转型升级，企业升级改造的必要性和欲望都很
高，潜在的投资需求较大，尤其是一千多万的中小企业，投融资需
求没有得到满足；东中西部不同地区发展水平差异、城乡基础设施
仍严重不足、工业 4.0 战略和"互联网+"带来的技术改造升级需
求等因素使投资需求总量也较大；政府改善民生、环境的需求还远
没有达到社会期望，提供的公共产品和服务还不能满足社会快速发
展的需要；国外新兴市场经济发展带来的投资和商品需求、中高收
入国家基础设施投资需求也比较旺盛等，我国投资需求不是没有空
间，缺的是提升经济运行质量的大量基础设施投资、技术改造类投
资以及装备制造升级换代投资等。

根据财政部测算，仅京津冀一体化在未来 6 年就需要投入 42 万亿元，这也意味着在 2020 年前，京津冀地区及相关产业将迎来每年 7 万亿元的投资。而根据麦肯锡预计，全球基础设施投资在未来 18 年间要达到 57 万亿美元，中国仍将是全球最大的基础设施投资国。可见，投资需求也不构成约束。

3. 全球经济及贸易增长对我国出口需求未形成实质性约束

从全球经济增长来看，虽然发展前景仍存在不确定性，但 2012 年以来企稳态势不断确立，2012 年至 2014 年经济增长稳定在 3.4% 左右，总体上呈现缓慢复苏上行之势。全球贸易逐步恢复，2010 年至 2013 年，全球货物和服务贸易额年均增长 8%，远超同期经济增速，当前全球货物和服务贸易额大大超过国际金融危机前水平。

2007 年，全球货物和服务贸易总额 17.34 万亿美元，2008 年 19.87 万亿美元，2009 年下跌到 15.93 万亿美元，2011 年以来明显复苏，2013 年增长到 23.29 万亿美元。全球经济及贸易增长对我国出口未形成实质约束。未来 10 年左右的时间我国同"一带一路"沿线国家的年贸易额将突破 2.5 万亿美元，对出口需求更是形成有力支撑。

4. 以货币表现的支付能力扩张，不构成制约总需求的"天花板"效应

近年来，我国货币供应基本上保持了平稳增长，2012 年至 2014 年增速只回落 1.6 个百分点，低于同期投资、消费、进出口增

速回落。2014 年年末，广义货币 M_2 达到 122.84 万亿元，10 年前的 2004 年还只为 25.32 万亿元，我国货币供应量扩张幅度还是较大的。与此同时，作为现实货币支付的替代品，票据总额居高不下，在一定程度上构成了超额货币供应。2014 年企业累计签发商业汇票 22.1 万亿元，同比增长 8.9%，商业汇票未到期金额 9.9 万亿元，同比增长 9.3%，金融机构票据融资余额达 2.9 万亿元，同比增长 48.9%。考虑到中国高达 92 万多亿元的"不活跃货币"（以企业定期存款和居民储蓄为主），相当一部分处于睡眠待唤醒状态，转化为现实消费需求的弹性较大，以货币表现的支付能力扩张，并未形成制约总需求的"天花板"效应。

进一步观察，目前公共产品与服务供给仍显不足，实际需求缺口很大。国际经验表明，人均 GDP 在 3 000—10 000 美元阶段，政府提供公共产品与服务支出占政府支出比重会显著上升，有效促进居民消费逐步从耐用品向服务消费升级，从而拉动消费快速增长。近年来通过持续加大投入，我国政府公共服务支出有所改善，但公共产品和服务供给总体水平仍然偏低，不仅抑制了公共消费需求，也抑制了城乡居民相关消费需求。实际上，在我国总供给结构中，政府提供的各类公共产品一直处于短缺状态。例如，现阶段包括农田水利、电网、交通、网络建设、城市供水、排污等地下管道建设、环境治理等在内的城乡基础设施类公共产品，供给缺口仍较大。尤其是，公共产品和服务供给不足对消费的抑制在农村更为明显。水、电、交通、通信等基础设施严重不足，导致农村家电、汽车、网络信息等相关消费需求未能完全释放。同时，制度类公共产品与服务有效供给明显不足，消费者权益得不到有效保障，社会上连续曝光奶粉、饮用水、食品等方面的严重问题，欺诈、假冒、伪劣、侵权等不法市场行为频发，不仅导致居民消费心理发生变化，也强化了居民被动性储蓄行为，严重阻碍了居民消费。再如，医疗领域看病难、看病贵问题长期以来难以解决，根源还在于城乡资源分布失衡、供给结构不合理；教育领域，职业技术教育一直是个短板，供需结构失衡也很严重；政府采购领域，科研创新能力不足导致许多公共产品供给短缺，如军工产品、国防产品等公共产品和服务，即使政府想采购，也不能采购到心仪的产品和服务，或者根本就采购不到，严重拖累了公共消费支出增长。

二、产能过剩掩盖着结构性供给能力严重不足，进而成为抑制潜在需求实现的基础因素

近年来，产能过剩问题一直是国内外关注的焦点，尤其是2014年以来，部分行业产能过剩的矛盾再次凸显，一些企业处于停产和半停产状态，导致资金不能正常循环，甚至资金链断裂，引发银行信贷资产质量风险暴露。然而，怎样认识中国目前的产能过剩，如何从根本上化解产能过剩，不仅是当前经济运行亟待解决的重要问题，也是未来中长期的战略课题。

从产能利用效率看，我国确实存在产能过剩现象。据有关部门调查，2013年工业企业产能利用率不足80%，闲置产能达20%以上，低于国际上产能利用中值81%至82%的水平。但是，中值水平并不是公认的产能过剩与否的分界线，评估产能利用率是否正常还要考虑经济发展阶段、经济周期和经济结构差异。从国外数据来

看美国 1967—2012 年的中值水平为 80.6%，其中 1967—1979 年为 84.5%，1980—1999 年为 81.3%，2000—2012 年为 77.7%，金融危机高峰期为 66.8%，即使是 2012 年也只有 78.9%。

我国目前产能过剩主要矛盾是结构性问题。根据国家统计局及发改委的数据，产能过剩较为严重的行业有：电解铝、电石、焦炭、水泥、平板玻璃、粗钢、风电设备、光伏、造船等行业，产能利用率低于 70%，其中电解铝、光伏两个行业的产能利用率可能低于 60%。产能利用属于正常水平的行业有：煤炭、发电，产能利用率高于 85%。产能利用状况最好的行业是汽车，目前产能利用率超过 95%。进一步分析，我国目前产能过剩集中在低水平的重复投资上，低水平产能过剩与高端制造产能短缺并存，大量关键设备、核心元器件等仍严重依赖进口；平板玻璃整体看产能严重过剩，但电子用平板玻璃、玻璃基板一直依赖进口；在风电设备行业，风机组成控制系统也基本依赖进口；化纤产量超过全球六成，涤纶过剩和氨纶、锦纶短缺矛盾突出。

低水平的产能过剩造成的不良后果也十分明显。部分行业和企业出现的销售困难，不仅将通过上下游产业链对宏观经济运行产生直接影响；高耗能高污染行业产能过剩，消耗了有限的资源，并造成了极大的污染治理压力；部分企业资金循环困难甚至资金链断裂将严重威胁银行资产安全。

如果我们再透过"疲弱"的现实需求的交易数据进一步分析，可以发现巨大的潜在需求存在着实现障碍，实际上反映的是经济供需结构不匹配的深层次矛盾，其背后的实质是有效供给能力不足、供给方式落后问题。随着经济的快速发展，居民需求结构与档次发生重大变化，已基本接近发达国家水平；而技术装备水平进步迟缓，产业结构调整缓慢，产品结构与档次调整升级缓慢，供给方式陈旧，有效供给能力不足，不能适应需求结构的快速升级，成为制约经济发展的关键性问题。

从供给的角度来看，尽管我国已经是所谓的制造业大国，但存在着大量的低水平过剩产能。产品供应总量上处于过剩状态，但供给结构不能适应消费需求结构变化，或者由于品质安全等原因而不敢消费，导致很多现实消费需求被严重抑制。

有效供给能力不足的结果是，本来旺盛的现实消费，要么"储币待购"，要么通过境外购买来满足，产生"需求外溢"。比如，近年来在农业科技进步引领下我国粮棉油糖、肉蛋奶、果蔬茶、水产品等主要农产品产量连年快速增长，但农产品品种、品质结构与居民消费快速升级不相适应矛盾却日益凸显，农产品生产供给结构与潜在消费需求结构之间存在较大差距。

再以牛奶行业为例，一方面是国内生产过剩，但品质不高，安全问题频发，严重抑制现实消费需求，如三鹿奶粉事件之后，乳品行业出现严重信任危机，奶类制品大量积压；另一方面是高品质的国外奶制品进口量节节攀升，澳洲、新西兰、欧洲等地奶粉受中国购买需求影响供不应求，德国甚至限制中国人购买奶粉。2008 年至 2014 年，我国进口奶粉数量年均增长 45%，2008 年进口奶粉只有 9.8 万吨，2014 年增长至 90 万吨。目前，国内市场从日常消费品到其他投资品以及医疗教育等均存在与牛奶行业类似的问题，如引发国人购买狂潮的日本马桶盖；大量进口的钢铁制品；大量境外求学、就医等。根据商务部统计，2014 年，我国境外消费超过 1

万亿元人民币,占到整个社会消费总额的 3.5% 以上。

传统商业模式不仅存在流通环节多、效率低、成本高等经济学困惑,而且完全依靠实体网点的零售模式存在经营时间与空间限制,即使是最大购物中心陈列商品也是有限的,消费者无法及时得到全部商品信息、无法比较同一类商品的质量、功能与价格,商家找不到顾客,消费者不知道在哪里能买到心仪的商品,大量的潜在消费需求无法转变为现实消费需求。市场供给方式落后,供需信息不对称,导致了大量的潜在消费需求处于睡眠状态。

受制于供给端因素约束,大量的潜在消费需求无法实现,出口产品竞争力也在下降,直接引致资本形成需求疲弱。数据显示,对市场极为敏感的民间投资增速出现显著下降。由于民间投资占比已升至 60% 以上,民间投资增速大幅度下降极大影响到总投资的增长。2012 年我国民间固定资产投资增速高达 24.8%,2014 年快速下降至 18.1%。这实际上是一个恶性循环,供给障碍制约需求实现,需求疲弱又会影响投资,而没有投资就不会有设备升级进而改进产品结构、提升产品质量,供给约束还会继续恶化。

三、解决供给结构矛盾的焦点在于装备制造业升级

我国正处在产业结构调整与消费升级换代的交汇点上,怎样适应国内消费需求发展趋势,升级供给结构,提升产品档次和技术含量,促进工业品生产由中低端转向中高端,是经济转型的重中之重。而提升有效供给能力的关键是高端装备制造业的技术升级换代。

1. 装备制造业技术更新有"一石三鸟"的效应

装备制造业技术升级尤其是发展高端装备制造业可以起到"一石三鸟"的作用：一是拉动当前投资需求，二是通过创新产品唤起市场潜在消费需求，三是增强出口竞争力。政府主动选择战略性产业加大技术更新投资力度，以此可以提升企业家信心，拉动企业投资，增加有效供给，激发潜在需求。

高端装备制造产业"高端"主要表现在三个方面：第一，技术含量高，表现为知识、技术密集，体现多学科和多领域高精尖技术的继承；第二，处于价值链高端，具有高附加值的特征；第三，在产业链占据核心部位，其发展水平决定产业链的整体竞争力。高端装备制造产业必然成为带动整个装备制造产业升级的重要引擎，成为战略性新兴产业发展的重要支撑。当前正处于"工业4.0"的初始阶段，世界各国正在技术创新领域进行突破，通过物联网、云计算和大数据等技术，实现工业升级。在长期实施技术模仿和跟随战略后，中国必须发挥后发优势，迅速在工业技术升级方面取得突破，改变未来竞争态势，这是在新常态下从经济大国走向经济强国的必由之路，是经济迈向中高速和中高端的关键和基础，没有工业技术支撑，经济只能在中低端打转，处于全球分工和产业链的中下游。

2. 装备制造业技术更新将对经济增长起到倍增效应

2013年我国装备制造业产值规模突破20万亿元，是2008年的2.2倍，年均增长17.5%，占全球装备制造业的比重超过1/3，稳居世界首位。2015 年，预计高端装备制造业销售收入超过 6 万亿元，在装备制造业中的占比提高到 15%，工业增加值率达到 28%。目前我国装备工业增加值率在 26% 左右，低于发达国家平均水平 6—8 个百分点。2014 年，全国新建和技术改造类固定资产投资为 69 000 亿元，占总投资额不到 14%；按照发达国家占五分之一以上比例测算，技术改造类投资应再增加近 3 万亿元，这些投资对经济发展将起到巨大的带动作用，形成新的经济增长推动力。在工业 4.0 时代，技术升级的空间更加广阔。无论是对我国经济当前发展，还是对未来长远发展，全面启动工业技术升级战略，都是非常有必要而且非常紧迫的。

3. 追求短期效应的经济增长方式致使装备制造业长期投资不足，与领先国家差距巨大

装备制造业水平的高低，直接关系一个国家经济质量，尤其是高端装备制造业在全社会的有效供给体系中处于核心地位。放眼全球，美国、欧盟等发达国家和地区在高端装备制造业一直处于全面领先地位，而韩国、新加坡、中国、巴西、印度等新兴国家则在奋力追赶。

美国高端制造业的发展一直依托其全球领先的研发基础、金融服务以及丰富的新技术产业化经验支撑，其高端制造业的劳动生产率是中国的 23 倍。前文提到，波音公司 2012 年的营业额就达到了 817 亿美元，储备订单价值达到 3 900 亿美元，而拥有 200 家企事业单位、21 家上市公司的中国航空工业集团公司去年的销售额不足 500 亿美元。

中国由于人口众多、经济成长较快、国内市场空间巨大，依靠低端消费品的规模扩张就可以获取巨大利润，致使大量投资涌向低端制造产业，导致中国虽然很快成为制造业大国，但技术装备水平比较落后。尤其是中国高端制造业自主创新的技术供给率不高，核心技术和核心关键部件受制于人，产品可靠性低，产业链高端缺位。近年来随着市场需求萎缩，我国装备制造业更是经营困难、经济效益下滑，投资与技术更新改造增长缓慢。生产装备技术水平上跟不上世界发展步伐，高端产品特别是高精尖产品生产能力不足，既影响到国内消费增长，出口竞争力在国际上也不占有优势，甚至还有弱化倾向。中国装备制造业发展的滞后，不仅成为制约供给结构升级、提升供给品质量的主要瓶颈，也危及国家经济安全。尤其最近 10 年来，外资企业对中国制造业的市场控制度不断上升，平均控制力已经超过三分之一。在中国已开放的产业中，每个产业排名前 5 位的企业几乎都由外资控制；在中国 28 个主要产业中，外资在 23 个产业中拥有多数资产控制权。

4. 装备制造业升级应在宏观政策的导向下，实现革命性突破

当前中国有效供给不足与低水平产能过剩同时并存，形成经济增长中的特殊矛盾，两者互相影响，但仔细分析矛盾的主要方面仍是有效供给能力不足。仅仅压缩落后的低水平产能，可以实现数字意义上的平衡，也可以减少资源消耗，但无法解决有效供给能力提升问题，甚至会激化结构性供给矛盾。如果我们能够换一种思路，可能就是另外一种前景。由于制约有效供给能力的根本原因是装备技术水平低下，而一般制造业的装备技术水平又是由生产高端装备

的基础制造业技术水平所决定的。如果我们首先启动基础装备制造业技术升级，进而推动一般制造业技术进步，既可以增加有效供给，填补现实消费的饥渴缺口，唤醒睡眠状态的潜在需求，又可以通过产业上下游消化现有的过剩产能、并通过技术升级从根本上解决高能耗高污染问题。

就装备制造业而言，要实现信息化和工业化的高层次深度结合，以信息化为支撑，追求可持续化的发展。应该体现在以下三方面的融合度的提升，一是技术融合，通过业内工业技术与信息技术的有机融合，在产生新技术的同时，推动技术创新。二是产业融合，将信息技术或产品渗透到装备类产品中，增加其技术含量、优化产品结构，如将信息技术整合到汽车制造中，一方面提升汽车生产平台的智能化，另一方面提升汽车产品的升级换代经营模式，优化消费品结构。三是管理，将信息技术应用到管理流程、业务流程和设计、制造的各个环节，推动装备制造业企业业务创新和管理升级。围绕以上方面，装备制造业升级的宏观政策取向应该进一步明确以下几个重点。

一是组织实施装备制造业技术升级专项计划，集中国家优势资源，在若干领域内实现跨越式发展。

目前我国机械装备制造业增加值占工业增加值的比重仅为发达国家的一半左右，成套设备、精密机床、高档发电机等高端产品50%以上都需要进口，国内机电产品、高新技术产品60%以上都是外资企业生产的，许多关键设备、核心技术都掌握在外资手中。一些中间产品、重要原材料国内也没有形成有效供给能力，我国轿车、家电、计算机、移动通信产品的关键部件、芯片、重要零部件仍主要依靠进口；作为世界钢铁生产大国，冷轧薄板、冷轧带钢、冷轧硅钢、不锈钢薄板等技术含量高、附加值高的生产用材严重短缺，每年进口都在 1 400 万吨以上；虽跃居乙烯生产大国之列，但我国高档乙烯至今仍需依赖进口；作为传统的纺织品服装大国，所需高级面料也需要大量进口。

发挥高端装备制造产业集聚效应，培育特色装备制造基地。发挥产业链辐射效应，提高重大技术装备成套能力。继续扩大高端装备及装备制造升级投资财税支持政策，编制高端装备制造业重点技术和产品目录，大力支持高端装备及其关键零部件、配套系统的研发和产业化，对研制生产国家鼓励发展的高端重大技术装备，落实有关税收优惠政策。积极研究完善针对高端装备制造业公共服务体系和重大创新工程的相关进口税收政策。

二是建立支持高端装备制造业发展和装备制造业升级的多渠道、多元化的投融资机制，鼓励商业银行、金融机构创新金融产品品种，支持装备制造企业升级改造融资。建立装备制造业技术升级基金，支持装备制造企业转型升级，发展高端装备。发挥风险投资的积极作用，鼓励支持符合条件的高端装备制造企业上市，引导创业投资和股权投资向高端装备制造及装备制造业升级领域倾斜。借鉴美国"再工业化"对中小企业扶持的做法，加大对中小企业创新发展所需的资金支持，促进中小企业与大型企业和高校间的合作、交流与创新，促进整个高端装备制造业的竞争力提升。

三是鼓励装备制造企业加大技术改造，大力发展高端装备制造所需关键技术，提高高端装备制造业的技术服务能力和水平，加快产品的技术升级。提高加工设备水平，推广先进工艺技术，推进制造过程信息处理、生产控制、资源管理、质量检测、环保处理等典型环节的流程化再造。健全产业创新体系，支持产业技术平台和技术创新服务平台建设，提高技术创新水平，增强为全行业服务的能力。加大技术创新力度，加强与战略性新兴产业重大创新发展工程的衔接，突破和掌握关键核心共性技术，加大关键制造装备研发力度，支持促进技术成果工程化。

四是依托国家相关人才工程、计划，大力培养装备制造业尖端人才、急需紧缺专业人才、高技能人才、管理人才。加大海外高层次人才和国外智力引进工作力度，加速装备制造业人才国际化进程。发挥企业、科研院所、高校、职业院校和其他培训机构的平台作用，创新人才培养模式，提高人才培养质量。还可以考虑在一些科学教育发达、高端人才集中的国际经济重心设立研发中心，实现由买技术向买人才的战略转型。

五是推动中国外贸从"大进大出"转向"优进优出"，形成开放型经济新格局。所谓"优进"，就是从我国的长远和根本利益出发，根据经济发展战略规划，有选择地向发达国家开放高端装备市场，积极引进短缺的材料、先进技术、关键设备和重要零部件；所谓"优出"，就是不仅要出口高档次、高附加值产品，还要推动产品、技术、服务的"全产业链出口"。通过支持中国装备走出去，让中国企业在国际市场上与技术先进、实力雄厚的跨国公司同台竞争，以此倒逼我们不断提高技术、质量和服务水平，提高企业的整体素质和核心竞争力。充分利用各种渠道和平台，积极探索合作新模式，融入全球产业链，鼓励境外企业和科研机构在我国设立研发机构，支持国外企业和国内企业开展高端装备联合研发和创新。支持中国装备"走出去"和推进国际产能合作，不仅有利于顶住当前经济下行的压力，也将推动中国经济从中低端向中高端迈进。

四、行动计划的坚定实施有待认识不断深化

值得欣慰的是，适应需求结构升级，调整供给结构，提升有效供给能力，从供给角度解决当前经济问题，着力构建新的内在稳定增长机制，已经引起了各方的重视。将"供给管理"上升到与"需求管理"并重的地位，从需求总量调控到有效调整供给结构，将成为宏观管理新常态。调整供给结构，需要政府和企业两个层面主动适应市场需求变化，增加公共产品、创新市场产品、提升产品技术水平，满足居民已经升级的消费需求，激发经济增长活力。

新一届政府多次公开表示，将着力于调结构、促改革、惠民生等政策，"供给管理"开始频频出现在官方的话语体系，以至于市场分析称"本届政府越来越有新供给派的色彩"。在2014年的"两会"上，总理政府工作报告提到要增加有效供给，释放潜在需求，沉着应对市场短期波动，保障经济运行不滑出合理区间，让市场吃"定心丸"，成为经济稳中向好的关键一招。同年4月份国务院常务会议分析经济形势时，提到"着力增加有效供给，不断满足新增需求"。10月份，中国与德国签订"工业4.0"战略合作框架，对我国制造业升级改造形成强力支持。2015年两会的《政府工作报告》再次强调要着眼于保持中高速增长和迈向中高端水平"双目标"，打造大众创业、万众创新和增加公共产品、公共服务的"双引擎"，持续保持中国经济由高速转向中高速，由中低端迈向中高端的"双

中高"，实现现代化目标。3 月份，国务院常务会议明确提出，要以信息化与工业化深度融合为主线，重点发展新一代信息技术、高档数控机床和机器人、海陆空天装备等十大领域，并决定推出中国制造重点领域升级方向绿皮书目录指引，加快制造业转型升级，提升工艺水平和产品质量。国家已设立 400 亿元新兴产业创业投资引导基金，要整合筹措更多资金，为产业创新加油助力。

政府部门不断采取积极行动提升供给能力。各部委、各省区也将解决经济问题的视角从需求端转向供给端。国家发改委在"十二五"规划实施中期评估报告中，首次将"供给管理"提升到与"需求管理"并重的地位，方针政策制定侧重供给端调整，为微观经济主体创造条件，如推动新型城镇化建设以及调整区域结构，推出京津冀规划等。工信部出台《钢铁工业转型升级计划（2015—2025）》等传统产业优化升级政策措施，推动传统行业与战略性新兴产业的融合，实施重大技术装备、高端材料及新材料、电子信息产业创新发展、节能减排和绿色发展、食品药品安全保障等技术改造工程，推行固定资产加速折旧等支持政策。上升到国家战略高度的被誉为"中国版工业 4.0 规划"的《中国制造 2025》规划也上报国务院行将推出，实现"中国制造"向"中国创造"转变等，推进中国产业结构向中高端迈进。商务部、相关金融部门等也在积极推动商业模式、电商、互联网商业等方面的发展，促进新一轮商业革命。2015 年《政府工作报告》首次提出"互联网 +"行动计划，推动移动互联网、云计算、大数据、物联网等与现代制造业结合，促进电子商务、工业互联网和互联网金融健康发展，引导提升供给能力。在各省（市、区）层面，不仅广东、上海、江苏、浙江、北京等东部经济发达地区加强经济结构调整，加快促进本地区经济升级，提升经济运行质量，就是重庆、湖南等中西部地区也在积极出台产业升级规划，越来越重视供给能力的提升。

数据显示经济运行愈来愈朝供给能力提升方向发展变化。近年来，随着转方式、调结构力度的加大，供给能力逐步提升，经济不断向中高端迈进。2013 年，我国高技术制造业增加值增长 11.8%，比全部工业增加值增速快 4.2 个百分点，2014 年，高技术制造业增加值增长 12.3%，比全部工业增加值增速快 5.3 个百分点。当前，我国高端装备制造业产值占装备制造业产值的比重已经超过 10%，10 多家装备制造企业进入世界 500 强行列，预计到 2020 年高端装备制造业规模在装备制造业中的占比将进一步提高到 25%，成为国民经济重要的支柱产业。进出口中的机电产品、高新技术产品进出口增速也保持在较高水平。2012 年，机电产品、高新技术产品出口增速分别比整体出口增速高 0.78、1.68 个百分点，2013 年，高新技术产品出口增速比整体出口增速高 1.98 个百分点。

2013 年，中国电子商务交易总额超过 10 万亿元，其中网络零售交易额 1.85 万亿元，已经超过美国成为全球最大的网络零售市场。2014 年，中国电子商务交易总额增长 25%，达到约 13 万亿元。网络零售保持高速增长，商务部监测的 5 000 家重点零售企业中，网络零售增长 33.2%，比上年加快 1.3 个百分点，而传统零售如专业店、超市、百货店、购物中心分别只增长 5.8%、5.5%、4.1% 和 7.7%，比上年分别回落 1.7、2.8、6.2 和 4.5 个百分点。

2014 年，中国在联合国世界知识产权组织《专利合作条约》（PCT）框架下，共提交 25 539 件国际专利申请，比上年增长

18.7％，占到全球申请总量的 11.9％，在申请总量的国家和地区排名中名列第三，是全球唯一一个实现两位数增长的国家，显示中国正从"中国制造"迈向"中国创造"。

2015 年，我国智能制造装备产业销售收入将达到 1 万亿元，国内市场占有率达到 50％，预计到 2020 年智能制造装备产业销售收入将达到 2 万亿元，国内市场占有率达到 70％，智能制造装备整体水平进入国际先进行列。在工信部《高端装备制造业"十二五"发展规划》中，到 2025 年我国装备制造业进入世界第二方阵，部分优势产业率先实现又大又强；到 2035 年我国装备制造业位居世界第二方阵前列，成为名副其实的装备制造业强国；到 2050 年我国装备制造业进入世界第一方阵，成为具有全球引领影响力的装备制造业强国。

尽管新一届政府的宏观经济管理思路比较清晰，经济数据也出现了积极变化，但理论界和市场人士对于是否启动装备制造业技术升级战略仍然充满担忧。经济发展会不会回到老路上去？产能过剩会不会加剧？我们认为，重视从经济总量上提升供给能力，重视经济的技术水平和技术含量，必将提升经济运行质量在国际上的竞争力。财政货币政策也要适应供给优化升级的需要，更多地从总量调控转向结构性调控。还要全面深刻地认识到商业革命对潜在消费需求的唤醒实现，对整个经济运行效率的提升所带来的深远影响和作用。

1. 全球竞争力不仅取决于经济总量的大小，更取决于经济的技术水平和技术含量。我国已成为全球第二大经济体，全球最大商品出口国，2014 年经济总量占到全球的 13.3％，达到美国的 60％，进出口总额占到全球的 10% 以上，成为名副其实的经济大国和贸易大国。但是也应该看到，受制于产能过剩的困惑，技术更新改造投资增长缓慢，2014 年全国新建和技术改造类固定资产投资占总投资额的 13.8%，比 2005 年仅增加 2.2 个百分点，甚至比 2004 年还下降了 0.3 个百分点。

在西方发达国家，科技进步对经济增长的贡献率普遍在 80% 以上，我国目前科技进步对经济增长的贡献率还不到 50%，与发达国家有相当大的差距。科技进步对经济增长贡献率不高，生产技术水平总体上的落后，极大影响到我国的生产品质和经济发展水平，我国单位 GDP 能耗不仅是世界平均水平的 2 倍，美国的 3 倍，日本的 6 倍，还高出巴西、墨西哥等发展中国家水平。如果我国单位 GDP 能耗达到世界平均水平，GDP 总量在现在基础上可提高36%；如果达到美国能效水平，可提高 70%；达到日本能效水平，可提高 170%。

因此，提升我国经济在全球的竞争力，由经济大国变为经济强国，由贸易大国变为贸易强国，必须提升供给能力，提升产品的档次和技术含量，促进产品生产由中低端转向中高端，适应国内外消费需求发展需要。要做到这些，必须加强技术改造固定资产投资，加大生产技术改造力度，实现生产装备制造的升级换代。当前，我国还有部分生产装备制造甚至是几十年前，或是更长时间以前的，不仅生产能力落后，生产的安全隐患也很大，急需改造更新。因此，我国投资不是没有空间，缺的是提升经济运行质量的大量技术改造类投资、生产装备制造更新升级的投资。

2. 宏观调控政策要更多地从总量调控转向结构性调控，注重发挥积极财政政策作用。加强结构调整和发展方式转变，引导供给能力提升，促进经济运行优化，财政货币等宏观调控政策要更多地从总量调控转向结构性调控。在结构性产能过剩较为严重情况下，货币政策调控并不是简单的银根松紧，还有一个怎样疏通货币政策传导机制，引导市场资金流向实体经济、引导利率水平下行，吸引民间资本加入到高端装备制造业技术升级战略，切实增加有效供给能力。相比而言，财政政策的结构调整作用更为显著。要通过进一步加大税收增减、财政补贴力度等方式，促进生产质量、供给能力的提升。在这方面美国的做法值得借鉴。作为全球最大的经济体，美国历次经济危机后能较快率先恢复，与政府适时适度干预市场，积极发挥财政政策作用是分不开的。2007 年次贷危机爆发后，为对冲危机产生的不利影响，美国财政政策可以用"果断、迅速、力度大、针对性强"来形容。2008 年，美国联邦财政赤字从 2007 年的 1 607 亿美元激增至 4 590 亿美元，2009 年进一步大幅扩增至 14 127 亿美元，占 GDP 比例从 2007 年的 1.12％上升至 9.8％。由于危机仍在演绎，经济未能得到好转，美国财政刺激经济力度在随后的三年仍较大，联邦财政赤字占 GDP 比例维持在较高水平。在经济复苏态势逐步确立，私人投资和消费开始有力拉动经济增长后，出于平衡财政赤字的考虑，美国政府投资与消费逐年缩减，联邦财政赤字及占 GDP 比例显著下降。可见，美国经济能率先复苏及长时期保持较平稳增长，不仅依靠私人消费要素带动，也非常注重发挥积极财政政策的作用。

我国财政政策的空间还很大。尽管经济增速在不断下降，但 2014 年财政赤字占 GDP 比例下降到 1.78％，比 2013 年还要低，更是远低于国际公认的安全警戒线水平。比照世界经济发展经验教训，促进我国经济平稳增长和结构调整，防范通货紧缩，此时更需要大力发挥积极财政政策的作用，而不是在经济处于下行期反而加大去杠杆化力度。即使我国财政赤字占 GDP 比例在 2014 年基础上再提高一个百分点，也只达到 2.78%，仍低于 3%国际安全警戒线水平，而政府支出相应扩大 6 000 多亿元，将对经济发展、增加供给起到相当大的支撑带动作用。

3. 全面深刻地认识商业革命对优化供给，促进消费，提升经济运行效率等所带来的深远影响和作用。提升供给能力，增加有效供给，不仅取决于技术和装备水平，还有一个商业模式的问题。从现在发展趋势来看，互联网商业已经显示出未来的一个方向，我国在这方面已经有了一个很好的起步，走在了世界的前列。推进商业模式变革，保持商业革命全球领先势头，对我国未来发展至关重要。

当前社会还是主要从搞活市场这个角度来看待商业模式革命，这种对商业模式革命的重要性认识远远不够。商业模式革命不仅对潜在消费需求唤醒实现，提升供给能力具有重要作用，对整个经济运行效率的提升也极具重要作用。我国与西方发达国家的经济发展差距其中很重要体现在经济运行效率方面，但近年来这方面的差距明显缩小，商业模式革命无疑起到了重要作用。仅从物流运行效率来看，由于商业模式革命的大力推动，2014 年，每百元社会物流总额所耗费的物流费用为 4.6 元，同比下降 0.5 元，下降速度加快，社会物流总费用与 GDP 的比例从 2011—2013 年的 18%左右下降到 15.2%，与美国、日本、德国等的差距在 1—2 年间缩小了近 4 个百分点。当前，我国社会物流总费用与 GDP 的比例只比美日等发达国家高 6 个左右百分点。按照这一趋势发展下去，我国物流运行效率将很快赶上甚至超过发达国家水平。

目前，我国网络零售交易额市场占比还较低，2013 年，网络零售交易额占社会消费品零售总额比重为 7.78％，2014 年增长至 9.39％，互联网商业发展空间巨大。继续推动商业革命，推进商业模式演进，对激发我国潜在需求，提升经济运行效率等带来的作用将是革命性的。

4. 大力发展以高新技术为主的高端装备制造业，推动中国传统产业结构转型和升级，解决当前中国经济转型过程面临的诸多矛盾，制定总体战略规划和产业发展重点。高端装备制造业的发展可以有效推动中国经济转型，为经济发展提供新的动力，应当以国家战略规划为中心，制定行业整体发展规划和阶段目标，合理配置产业资源。在产业发展重点方面：重点提升生产最终消费品的装备制造水平，尤其要发展具备全球性需求消费品的装备制造水平。重点发展为装备制造企业提供生产装备的子产业，并以实现该类装备制造成为出口支柱产业为目标，大力发展。重点发展关系国家经济命脉的基础性工业，如高铁、水电、航天军工等。尤其是充分发挥中国在水电、高铁等行业中的技术优势，实现全球化战略。

实现国家和市场相结合的发展模式。目前高端装备制造业呈现发展潜力大、涉及经济领域广泛的复杂局面。一方面，整体战略实施离不开国家推动，需要政府政策扶持和主动引导。另一方面，社会资本面临行业门槛高、资本收益低等因素影响，难以形成积极主动的市场化效应。如何通过政策导向和政策工具合理化资源配置，使国有资本和社会资本形成有效互补，形成政府引导、市场化为主的发展模式，是当前面临的主要问题。加大社会资本技术研发投入比重。高端装备制造产业的核心竞争力在于科研能力和技术水平，目前，中国高新科技研发投入所占 GDP 比重比美国低很多，但政府研发支出比美国高很多，说明根本问题在于私人部门和商业研发投入不足，尤其是民营企业研发投入积极性不高。美国政府研发投入多集中在涉及国家发展的重大事项上，如航天军工技术，而中国的研发体制是国家统筹安排研发经费，细化研发项目，未能将资源集中在能给社会发展带来突破性成效的项目上。从现状看，我国除了航天军工相关产业外，国家研发投入都是零碎化的。

通过加强国际合作引入先进技术和完善资本市场配套机制。20世纪 80 年代，中国依靠的是技术引进政策，得以迅速缩小和国际发达国家技术差距。如今，受到发达国家高新技术引入限制，技术引进政策进入发展瓶颈阶段，只能通过加强国际合作的方式达到技术引进的目的，比如加强与德国、法国、日本这种先进装备制造业大国的合作，进一步缩小同国际先进装备制造水平的差距。完善资本市场配套机制。美国长期以来能够保持世界领先的科学技术水平和高端装备制造水平，得益于其完善的资本市场配套机制。中国也要向这个方面发展，但不能把资本市场支持产业发展的任务都放在银行业的身上，毕竟商业银行经营模式更多围绕成熟产业，但对于中国的未来，主要是新兴的高新科技产业，银行业不能过于规避。要通过深化金融改革，为高端装备制造业中的企业提供完善的金融服务，如银行业重点支持成熟和具有一定规模的制造企业，通过政策导向鼓励风险资本更多进入新兴的高新技术产业。

总之，中国传统以跟随、模仿为主要特征的发展方式随着需求结构由低级向高级的转变，高端供给能力不足、低端供给能力过剩的矛盾日渐突出，制约了社会需求的实现，抑制了经济潜在增长速度，成为当前我国经济发展的主要矛盾。仅仅靠刺激需求，简单平衡过剩产能，并不能解决中国经济发展面临的深层次问题。解决问题的视角，必须从传统的总需求管理转向改善供给结构，通过解决供给问题使经济继续保持长期快速健康发展，提升装备制造水平，大力打造中国经济升级版。

第四章

跻身经济大国以后应重视金融强国战略研究

2008 年金融危机之后，由于西方国家经济普遍遭受重创，而中国及时启动内需战略，经济增长虽然也出现剧烈波动，但总体上依然保持较高速度，以至于在危机期间实现了"弯道超车"，成为全球最大贸易经济体、GDP 总量世界第二大经济体。然而，所谓的经济大国不一定是经济强国，甚至与真正的经济强国不在同一行列。经济大国崛起为经济强国，表象特征很多，影响因素很多，实现路径也很多，其中发达的本土金融支撑和指向性的全球金融布局以及本币国际化则是必不可少的。在深入研究经济大国迈向经济强国的发展战略中，我们必须构建一个与之相匹配的金融体系，制定一个全球视野的大国金融战略。

一、经济发展史表明，经济强国都离不开金融助推

审视全球经济金融发展历史，不同时期世界经济强国在崛起的

过程中，都离不开金融的加速和推动作用。早在 17 世纪，荷兰就利用飞速发展的国际贸易和高效健全的金融体系，迅速称霸世界。1602 年，荷兰成立了世界上第一家证券交易所，1609 年成立阿姆斯特丹银行，而后荷兰银行林立，到 1660 年，阿姆斯特丹已发展为欧洲的储蓄和货币兑换中心、股票交易中心、多边支付体系中心，阿姆斯特丹证券交易所赢得了"17 世纪华尔街"的美称。银行和证券交易所的设立使得荷兰的金融业得到空前发展，再加上荷兰当时在国际贸易中的主导地位，荷兰盾就顺理成章地成为国际贸易结算货币，阿姆斯特丹也发展为欧洲乃至世界的金融中心。

如果说 17 世纪是"荷兰的世纪"，那么，18、19 世纪就是"英国的世纪"。英国的崛起得益于三次革命，分别是 1688 年爆发的"光荣革命"、1689 年的"金融革命"以及 18 世纪 60 年代发生的工业革命。其中，"金融革命"对英国崛起的影响更为深远，英国经济学家、诺贝尔奖得主约翰·希克斯（John Hicks）对此曾有过经典的论述，希克斯指出"工业革命不是技术创新的结果，或至少不是其直接作用的结果，而是金融革命的结果。工业革命早期使用的技术创新，大多数在工业革命之前早已有之。然而，技术革命既没有引发经济持续增长，也未导致工业革命。因为业已存在的技术发明缺乏大规模资金以及长期资金的资本土壤，便不能使其从作坊阶段走向诸如钢铁、纺织、铁路等大规模工业产业阶段，'工业革命不得不等候金融革命'"。在金融的强力助推下，英国经济发展迅猛，18 世纪后半叶英国取代荷兰成为世界头号经济强国，1816 年英国制定了"金融本位制度法案"，率先实行金本位制，并于 1821 年正式启用金本位制度，再加上英国在世界经济和贸易中的地位，很快就确立了英镑的国际货币地位，伦敦也发展成为国际金融中心，并从此奠定了英国近一个世纪的世界强国地位。

与荷兰、英国的崛起不同，美国的崛起在于抓住了二战后的历史契机，但金融的强大在美国崛起过程中所起到的作用不容小觑。二战后期，世界政治经济格局发生巨大变化，英国经济遭受二战重创，实力大为削弱，黄金流失严重，导致缺乏足够的黄金储备来支撑英镑的国际货币地位，而美元的国际地位因其国际黄金储备的实力而得到稳固，加之美国经济总量占到世界经济总量的近 60%，是英国经济总量的数倍。英美两国政府出于本国利益考虑，重构战后国际货币体系，分别提出了"凯恩斯计划"和"怀特计划"，并对此进行了激烈竞争与博弈，但最终还是采纳了"怀特计划"，人为建立起了以美元为中心的国际货币体系，奠定了美元的国际货币地位，成就了美国政治、经济、金融的世界霸主地位。

日本的情况也是如此，第二次世界大战后，日本采取了超前的金融发展战略，不仅使经济迅速从战后废墟中恢复，而且在 20 世纪 80 年代一举成为全球第二大经济强国。随着日本经济的全球扩张，日本企业和金融机构也走向全球进行海外投资和开拓市场，到 80 年代末，日资银行基本垄断了全球前四大银行，在全球信贷市场的占有率一度高达 30%。此举表明日本政府早在多年前就充分认识到金融强国对经济崛起的重要性。

他山之石，可以攻玉。荷兰、英国、美国、日本等经济强国的崛起无不得益于金融的强大，金融起到了引领、助推和加速作用，一国只有拥有强大的金融体系，才能凭借其在国际金融体系中的核心地位享受巨大的经济收益和特权，才能成就经济强国。金融的强大，经济的强盛，可谓相辅相成、相得益彰。在完成工业革命之后，英国发达的商品经济和巨大的全球贸易成就了英镑的国际货币地位和伦敦的国际金融中心地位。19世纪后半叶，英国经济趋于衰落，并于1872年被美国赶超，屈居第二，但由于英国金融业始终占据世界领先地位，是重要的国际金融中心，因而英国在世界经济中也一直占据重要地位。德国情况也是如此，在两德合并之前，法兰克福和柏林不仅一直是欧洲的金融中心，而且西德马克也十分坚挺，这对合并后的德国经济提供了强有力的保障。

反过来看，近代中国及他国历史经验与教训，也深刻阐述了建设金融强国的重要性。近代中国是一段屈辱的历史，是中国经济由盛及衰、金融由强变弱的过程。鸦片战争以后，西方列强加快了对中国经济和金融的掠夺，1845年外商银行进入中国，逐渐掌控中国的进出口贸易，垄断外汇，控制中国的金融与财政。19世纪70年代，中国经济金融掌握在外商和外商银行手中，出于军事、政治和兴办洋务的需要，清政府对外商银行采取退让和依附的政策，向外商银行乞求贷款。北洋政府时期，外商银行收买、扶持不同的军阀势力，并将其作为自己利益的代言人，加强控制中国的金融与财政，造成中国经济金融凋敝，社会动荡，民不聊生。民国时期，中国民族资本主义经济和金融有所发展，对外商银行的依赖有所下降，但退让和依附的政策并未得到根本改变。外商银行对近代中国经济和金融的影响可谓是灾难性的，外商银行垄断了国际汇兑业务，并通过对钱庄的渗入控制中国的经济金融命脉，导致国内金融业成为外商银行的附庸与傀儡；对中国新生的民族银行业进行抵制和打压，并通过不断制造金融恐慌，最终控制中国金融的领导权。近代中国惨痛的历史告诉我们，没有金融的强大就难以实现经济强国梦想，就难以实现大国崛起，建设金融强国既是我们对过去历史经验教训的深刻反思，也是历史赋予我们的重任。

再来看看苏联，也不难发现没有金融强国地位，难成真正意义上的经济强国。苏联 1980 年的国民总收入、工业总产值、财政收入分别是美国的 67%、80% 和 98.1%，在钢铁、石油、化肥、水泥、联合收割机、纺织品、拖拉机、奶制品、棉花、商船吨位等方面已赶超美国，苏联一度成为仅次于美国的全球第二大经济体。但是，由于苏联缺乏发达的金融体系导致无法有效配置资源，加之"休克式疗法"的经济改革，致使卢布大幅度贬值，最终苏联经济崩溃，加速了苏联的解体。

二、中国偏弱的金融亟待改变

一般而言，衡量一个国家金融强大与否主要采用以下几个标准：一是具有国际竞争力的金融服务体系，国内金融机构要有国际竞争优势，具有跨境服务与跨境经营能力；二是具有发达且规模足够大的金融市场，能够左右全球资金流向，影响国际市场资产价格；三是货币的国际化，本国货币能够成为国际金融市场和国际贸易的主要交易货币、国际储备货币和全球强势货币；四是在国际金融规则制定和修改上有足够的话语权。

中国的改革开放取得了举世瞩目的成就。与 1978 年相比，今日中国从经济总量、人均 GDP、制造业产值、贸易进出口总额、外汇储备等综合指标看，俨然已成为名副其实的经济大国。经济大国的一个重要衡量指标是经济总量。据统计 1978 年我国 GDP 仅有 1 482 亿美元，居世界第十位。而到 2012 年我国 GDP 超过了 74 260 亿美元，位居世界第二位。部分省市经济总量或人均 GDP 已接近或超过中等发达国家水平。制造业产值是衡量国家经济实力的另一项重要指标。我国制造业产值现位居世界第一。根据联合国统计，2011 年我国制造业产值为 2.05 万亿美元，首次超过美国，跃居世界第一。到 2012 年年底，我国钢、铁、水泥、棉布等 200 多种工业品产值居世界第一，我国制造业大国的地位基本确立。此外，我国贸易进出口总额也跃居世界第一，我国的贸易大国地位进一步得到巩固。我国外汇储备规模自 2006 年超过日本，已连续多年居世界第一位。

然而，经济大国不等于经济强国，作为经济强国，不仅需要排名靠前的经济规模和较高的人均收入水平，还必须具备开放并能在全球有效配置资源且分散风险的金融体系。目前，我国金融市场的发达程度还远远不够。首先，本国货币可自由兑换是一个国家金融市场发达的重要标志。目前，人民币仅仅实现了经常项目下的可自由兑换，资本项下的可自由兑换还有待时日，而资本项下的可自由兑换决定了资本投资的自由流动。人民币国际化虽取得一定进展，但任重而道远。人民币作为结算货币占比仅为 2%左右，作为储备货币占比仅有 1%多，而美元储备货币占比 61%、欧元 24%、日元 4%、英镑 3.9%、加元 2.0%、澳元 1.9%。此外，人民币作为交易货币带有很大的区域性和局限性。其次，我国目前的融资方式主要集中在银行直接融资，股市、债市等直接融资方式只占到

14%，而美国 2013 年的直接融资比例已经达到 88%，目前还在不断上升。我国金融衍生品市场还处于发展初期，无论是产品还是交易体量都很小，而美国拥有发达的衍生品市场，产品极其丰富，体量极其庞大。第三，我国的金融行业在应对市场化的挑战中还处于探索时期，盈利方式、管理模式，风险应对能力等竞争力还不足以面对国际化的挑战。而美国的金融业经过多年的发展，特别是经过次贷危机的洗礼，已经具备较强的生存能力。第四，我国的金融监管还处于"形似"的阶段，而美国已经形成了一套完备、审慎、目标明确的监管体系。在一些国际性金融论坛上，中国还只是"被动"发声，在伦敦同业拆借利率报价银行名单中没有一家中资银行，国际信用评级、金融资产和大宗商品定价权还牢牢掌握在欧美等国手中，巴塞尔委员会也缺少中国人的身影。与此同时，国内金融机构缺乏国际竞争力，跨境服务与经营能力不足。国有四大行虽已跻身全球前十大银行，但国际竞争能力与国际先进银行相比仍有较大差距。2014 年工、农、中、建四行境外资产占比分别为 7.10%、3.72%、27.41%、5.66%，境外利润占比分别为 5.20%、1.79%、22.98%、2.01%，四大行境外资产占全部资产的比重高于境外利润占全部利润比重，这说明四大行境外获取利润的能力不足。

三、中国金融强国战略的核心是做强国内金融体系

金融是现代经济的核心，资本市场与金融创新是决定大国兴起的关键。以美国为例，在过去的一个多世纪中，除了 1929 年至

1933 年大危机、20 世纪 70 年代石油危机时期以及此次全球金融危机之外，在绝大多数时期，美国经济都保持了持续、稳定的增长。究其原因，最基本的动力就来自科技创新。美国经济的每一次飞跃都与科技进步和创新有着密切的关系。同时不能忽视的是，科技创新对经济增长的推动作用随着金融市场的发展和金融结构的变革而日益明显。实际上，每一次科技进步和创新都与金融的发展密不可分。如果说科技进步和创新是推动整个经济体系前进的内生因素；那么，发达的资本市场、无可替代的国际金融中心、具有国际竞争力的金融体系则是推动美国经济增长的重要外生力量。

也就是说，金融强国的重要标志是拥有足够大的金融市场广度和深度，并赋予其足够高的流动性和可信度。第二次世界大战以前，美国经济总量早已超越英国，但美国的金融市场不够发达，美元也没有国际性可言，还难以撼动英国主导的国际金融体系。美联储成立后，美国的银行承兑汇票市场、债券市场等发展迅猛，这赋予美国金融资产巨大的流动性和可信度，极大地推动了美国金融强国建设步伐和美元作为国际货币的作用。

当前，我国金融市场的广度和深度还不够，远无法与美、英、日等发达国家金融市场相比，这就意味着中国目前的金融市场规模还无法满足国外投资者的需求，无法为全球投资者提供丰富的金融产品、足够的流动性和可信度，现有金融市场容量也无法抵抗全球资本冲击，一旦资本项目完全放开，大量资金进出中国金融市场，在市场广度和深度都不够的情况下，这将会引起中国金融资产价格大幅波动，最终会对实体经济产生危害。因此，中国亟须加快金融改革创新提升金融市场的广度和深度，推进产品创新和多样化，尤其是构建多层次资本市场和形成有影响力的国际金融中心。

有影响力的国际金融中心是金融强国的重要标志。国际金融中心作为国际资本的集聚地、金融规则的制定地、金融风险的转移地，通过金融中心的集聚和辐射功能掌握国际资本流动、影响金融资产定价与交易、拥有世界经济金融动态的控制权和洞察力，获取全球经济金融的主动权和话语权，进而保护本国经济金融发展成果，维护本国利益。

今天的国际金融中心已不主要是货币交易中心，更重要的是资产交易中心和财富管理中心。随着社会生产方式的进步和经济总量的增长，人们拥有的财富和资源也在不断增加，当财富总量和收入水平达到一定程度后，人们对金融服务的要求就会超越静态意义上的资产安全性要求，希望提供增值、避险、组合和一体化金融服务，其中对存量财富的管理和资产配置需求最为迫切。相对实物资产而言，金融资产的流动性、安全性具有显著的优势；而且金融资产与经济增长通过资本市场建立了市场化函数关系，这种函数关系具有一种杠杆化效应。所以资本市场的发展的确可以大幅增加社会金融资产的市场价值，使人们可以自主而公平地享受经济增长的财富效应，这在一定程度上提高了经济增长的福利水平。对于今天的国际金融中心，如果希望得到外国投资者的认可，必须具备资产配置和财富管理的功能。虽然目前中国的资本市场发展迅速，但是要成为国际金融中心，还需要在规模、结构、资源配置、财富管理、全球地位等方面进一步发展。首先，总量规模来讲，中国股票市场总市值到 2020 年应达到与国际金融中心的规模相匹配的要求；其次，资本市场结构需要进一步优化，建立与股票市场规模相近的企业债券市场，弥补企业融资结构不平衡的问题，同时为投资者创造风险相对较低的投资品种，优化资本市场的风险结构；再次，不断优化中国资本市场中的产业结构、实现投资工具的多样化，进一步加强资本市场的风险配置功能和财富管理功能；最后，允许国际投资者自由投资中国资本市场、允许外国优质企业在中国上市，真正实现中国资本市场的国际化。

在未来一个历史时期内，中国高增长的动力并没有发生根本的改变，仍是工业化、城镇化、全球化及中国改革的"制度红利"。高储蓄率又为未来的增长提供了坚实的资金基础。这一切，既给中国的金融进一步发展与创新提供了巨大的空间，又要求中国金融业必须加快推进全球化和市场化进程，以进一步降低社会交易成本，提高金融在全社会资源配置的效率。而且，作为世界第二大经济体，中国巨大体量的进一步发展，渴望资源、原材料，渴望全球市场，从而渴望最大限度地减弱资源、原材料对未来增长的约束；并随着人口老龄化和养老资金的逐步集聚，在下一轮经济趋于次高速的增长下，未来全球第一的庞大的中产阶层巨大的养老金和金融资产，需要在全球范围内寻找高投资利益。这些迫切要求加快发展新型金融机制，加快金融全球化进程，以提高金融在全球范围内的配置效率。但是，当今世界金融秩序不稳定，对于经济体量巨大，同时资本账户又未彻底开放、本国货币还不为世界所接受的中国而言，又必须时刻防范金融全球化中的风险传递。陷于外部负面效应与正面效应同存、且有时前者大于后者的窘境。这就意味着面对外部不稳定的环境，金融全球化不能操之过急，仍需保持必要的"风险隔离"和"减震"装置，开放应有策略，"走出去"应有战略选择，介入国际市场应有重点，就是所谓的指向性金融全球化战略。

四、银行业在全球化金融战略中扮演重要角色

纵观国际金融业百年风云，既有汇丰、花旗、摩根大通等通过实施国际化战略迅速成长为国际主流金融机构的成功案例，也有苏格兰皇家银行收购荷兰银行等失败案例。金融发展具有互通性，世界各国、各地区在金融业务、金融政策等方面相互交往和协调、相互渗透和扩张、相互竞争和制约。回顾西方发达国家的金融全球扩张之路，总结中资银行的海外发展经验，我认为一个国家的金融"走出去"必须具备四个因素。

第一，经济实力是基础。唯有国家的经济实力达到一定水平，金融才能够"走出去"。回顾西方经济发展史，英国的金融能够垄断全球与其经济实力密切相关，美国在全球的金融扩张也是基于日渐强大的国家经济实力。当一国的经济实力尚未达到一定水平，"金融走出去"只会沦为一厢情愿的口号。

21世纪以来，国际经济格局风云变幻，各国经济实力此消彼长，中国已跻身全球经济强大国家之列。由此可见，中国在经济上已经具备支撑金融"走出去"的强大实力基础。

第二，唇齿相依——"走出去"与贸易。贸易是金融"走出去"的必备条件。即使一国的经济实力强大，但若该国市场封闭，进出口贸易量低，则该国并不具备金融"走出去"的条件。

英美的全球经济扩张与它们的贸易全球发展过程是一致的。以英国为例，新航路开辟后引起商业革命，商业中心由地中海沿岸转

到大西洋沿岸，英国处于有利的位置，贸易发达，工场手工业发达，尤其是制呢业（羊毛加工业，当时英国的民族工业）。在资本主义制度确定的过程中，英国通过一系列对外战争，先后打败了在航运、海外贸易和殖民掠夺方面的主要竞争对手——西班牙、荷兰和法国，夺取了广大的殖民地，扩大了势力范围，并从殖民地掠夺了巨额财富，为本国工业的发展开辟了广阔的原料产地和商品销售市场，促使海外贸易的飞速发展，使英国成为"日不落帝国"。19世纪中期，英国处于"世界工厂"地位，成为世界上第一经济大国，伦敦为世界金融中心。

反观中国，清朝时，中国的 GDP 全球第一，但由于闭关锁国，与其他国家无贸易往来，彼时中国并不具备金融"走出去"的概念与能力。2014 年，中国一跃成为全球第一的货物贸易大国，这是中国对外贸易发展道路上新的里程碑，也是金融"走出去"的强大支撑。

第三，金融机构自身必须具备匹配实力。金融机构是金融"走出去"的"具体执行人"。唯有当一国的金融机构具备全球服务能力和跨境经营管理能力，金融才能够成功地"走出去"。

中国金融机构"走出去"以银行业为先锋，至今已有 20 余年历程。然而，在中国经济实力和贸易总额排名全球前列的情况下，金融机构"走出去"的步伐缓慢，还需苦练"内功"，全面提升国际化经营的意识与能力，学习国外先进的技术和管理经验。在与国际化大型金融机构的业务等各方面合作中，要把"学习"二字置于重中之重的地位，不应以财务投资短期盈利为目标，而应着眼于长期的战略投资与规划。

近年来，银行业的改革，特别是国有银行相继上市，使中国银行业发生了很大的变化，治理结构、发展潜力、资本充足率等都得到了很大提升。国际化的银行必须具备国际化的网络，而资本充足率的提高、人才的积累、管理水平的提升为中国银行业"走出去"提供了基础。

第四，比较优势助力金融机构"走出去"。美国金融称霸全球主要靠其更具全球竞争比较优势的投行，而非商业银行。20 世纪六七十年代以来，美国投行以辅助企业在欧洲市场融资为起点，开始拓展海外业务。经过近半个世纪的发展，美国大型投行海外业务收入占比持续上升。与此相对，美国的商业银行始终不热衷于国际化扩张。

因此，金融机构是否需要"走出去"，应基于自身的比较优势做出选择。一方面，并非所有的金融机构都需要"走出去"，另一方面，"走出去"的金融机构必须具备自身在全球竞争中的比较优势。

20 世纪 80 年代，当日本企业试图"买下全世界"时，全球的每个角落都有日本银行家如影随形，但最终以失败告终。同属亚太经济圈和东亚文化圈，日本在 80 年代的金融全球化之举对今天的中国金融"走出去"有哪些启发和教训？

在 80 年代前，日资银行在国际上并无名气。80 年代，伴随着日本经济的全球扩张，日元升值，日本的金融机构在全球范围内刮起投资旋风，民众兴起海外旅游风潮。至 80 年代末，日资银行基本垄断全球四大银行。

80 年代，日本金融"走出去"的过程如同坐过山车，跌宕起伏，最终惨淡收场。到了 90 年代，日本国内股市和资产泡沫破裂，金融危机把日资银行全部剔出全球前十的行列。日本的大型银行被迫抛售海外资产并退出许多全球业务，有些资产甚至只能赔本抛售。

在 20 世纪 80 年代末的巅峰时期，日资银行业在全球信贷市场的占有率最高曾达到 30%，但随着日本资产泡沫破灭，日资银行业的全球信贷市场占有率一落千丈，到 2008 年雷曼兄弟垮台时其市场份额已经萎缩到 6%。

80 年代的日本，其海外投资疯狂且缺乏审慎。结合"走出去"的四个必备因素来看，当时日本的经济实力和贸易量均达到一国金融"走出去"的标准，唯有金融机构并不具备全球经营能力。因此，日资银行在全球银行业的扩张中不可避免地出现种种问题。投资失败、内控失效、金融丑闻等对日资银行的全球声誉造成了致命打击。

另一个教训是，虽然日本在 80 年代的贸易量已达标准，但日本金融机构的海外扩张步伐并未结合其贸易发展情况，没发挥其比较优势。相反，当时日资银行在全球范围购入了大量廉价资产，但这些资产与其贸易并无关联，失败的并购案例远多于成功案例。

90 年代金融危机后，工农中建四大行全部进入全球十大银行名单内，这与 80 年代的日资银行全球发展非常相似。因此，必须吸取日资银行的教训，以免重蹈其覆辙。

今天的日资银行表现出了与 20 世纪 80 年代上一轮海外扩张时不同的警觉性。2008 年全球金融危机后，在欧美银行业忙于冲销金融危机造成的不良资本和应对行业新规给资本带来的压力之际，日资银行已经日益成为欧美企业重要的信贷资金来源。如今，日资银行业在国际信贷市场的占有率已经回升至 10%，为 21 世纪初以来的最高水平。但日资银行表示，这一次他们的做法不同以往，在海外市场保持了较高的警惕性。日资银行的理念是客户至上，并服务实体经济，而不是为了放贷而放贷。

中国的金融业"走出去"，必须权衡几大问题。

第一，现阶段，中国金融"走出去"的关键词是"跟随"，中资银行应跟随中国的企业"走出去"。目前，中资银行尚不具备海外落地经营能力，对海外市场缺乏深度认识，无法准确提供当地市场所需产品和服务。因此，跟随中国企业"走出去"仍应是现阶段中国金融"走出去"的主要着力点。其实，外资银行在中国市场的经营策略定位清晰——以适应中国市场的本土化产品为主，主要服务其本国的客户。如在进入中国市场后，日资企业的金融服务需求基本依赖进驻中国的日资银行，这些日资银行的服务对象也基本锁定本国的跨国企业。

第二，金融机构的海外布局方式需要权衡。金融机构"走出去"，不仅可以到国外成立分支行，也可以考虑兼并、控股方法。布局方式各有特点，金融机构需权衡各方面因素做出选择。结合日资银行海外并购的教训，并购重组并非易事，必然面临文化隔阂。目前，工行收购南非标准银行是中国金融"走出去"中的一笔"大交易"，而其他金融机构的海外并购重组都只是"小打小闹"。"小打小闹"也是一种"走出去"的学习和实践方式，但这并不意味着金融机构不需要进行大型的海外并购。从"小打小闹"中学习和积累经验，谨慎面对大型收购重组。金融机构在筹备大型收购时，必须做好准备工作，进行充分的研究论证，把各种并购方案综合考虑在内。

第三，地理区域布局必须权衡。金融"走出去"必须为国家的战略服务。举例而言，自 18 世纪至 20 世纪，西方发达国家的金融"走出去"与其帝国战略紧密相连。在美国对其周边国家的控制中，金融控制的威力不可小觑，为美国的国家战略推进提供了重要支撑。目前，中资银行海外机构主要布局在成熟的经济金融中心和发达国家市场，这主要是考虑到这些地区经济发展水平较高，市场容量较大，法律制度、市场规范较为完善。但是，在中国的国家战略版图上，亚、非、拉发展中国家和新兴经济体也占据重要位置，中国与其贸易及投资额不断增长，不过，中国金融在这些地区的影响力非常小，需要把海外布局工作做适当调整，大幅提高在这些区域的覆盖面。

当今世界是开放的世界，中国是发展中大国，中国的发展离不开世界，中国经济要真正实现转型发展，构建开放性经济新体制，就必须要勇于面对、全面参与国际竞争。银行业作为中国金融的主体，在经济发展方式转变中发挥着重要的作用，也是实施大国金融战略的核心力量，并在积极参与国际竞争中提升自身竞争能力。改革开放以来，中国银行业先后经历了专业化、商业化和股份制改造三次大的制度变革，综合实力明显增强。截至 2013 年年末，中国银行业总资产超 150 万亿元，是改革开放前的 3 700 多倍；利润总额 1.74 万亿元，是改革开放前的 3 500 多倍；中间业务收入占比达到 22.5%，已经成为银行业重要的收入来源。在英国《银行家》颁布的 2013 年全球银行排名中，四大国有商业银行全部进入前十名。由此可见，中国金融话语权已有所提升，银行业在全球的经济及金融地位也进一步提升。目前，无论是国有银行还是商业化银行都应顺应经济全球化及全球金融的趋势，以服务实体经济、支持企业"引进来"和"走出去"为导向，以"支持货币全球化、金融网络全球化、金融业务全球化、金融交易全球化"四方面主要目标，增强服务能力、风险防御能力和盈利能力，促进对外开放和两个市场的深度融合，推动贸易投资便利化，提升国际竞争能力，为强国政策奠定基础。

一是支持本国货币全球化战略。战略性扶持离岸人民币业务，完善离岸人民币产品序列，打造人民币清算行优势，逐步掌握对境外人民币业务的定价主导权。建立和完善包括人民币清算机制、自由开立的人民币账户制度、以银行为主体的境外人民币供应渠道和以资金回流为主体的境外人民币运用渠道等境外人民币金融服务基础设施。大力支持央行推进人民币汇率形成机制、人民币利率市场化、资本市场双向开放等市场化机制改革，及时防范和化解金融风险，维护金融稳定，有序提高跨境资本和金融交易可兑换程度，加快实现人民币资本项目可兑换。

二是推动金融网络全球化建设。积极进入海外市场，通过自设、并购、代理行合作等多种途径和方式加快全球化网络布局，基本覆盖包括世界贸易组织成员方在内的全球主要经济体和金融中心，构建多层次的全球网络。建立海外资金运营中心，规范海外机构资金来源与运用，利用海外市场低成本融资功能，广泛吸收低成本跨境资金支持国内经济建设。建立海外区域经管管理中心，实现海外业务发展的统筹协调、授信风险和集中管控、中后台的集约化运营、人员的统一管理调度。加大海外机构本土员工的引进、培养和选拔力度，建立本土化的业务运作和市场营销体系。

三是加快金融业务全球化转型。积极开展全球授信、现金管理、账户管理、供应链融资、信用卡、网银和跨境风险管理等金融服务，打造无国界、无时间限制的金融服务平台，满足跨国企业集团开展全球化采购、生产、配送、销售和资金调配的需求。加强境内外机构信息共享和业务协同，开展全球客户关系管理，提升对"走出去""请进来"客户多元化需求的服务能力和服务水平，为企业打造本外币、境内外"一站式"的综合服务。尽快改进当前业务发展高度依赖国内市场的局面，加快推进海外机构落地经营，提升境外资产占比和盈利能力。保证海外机构资产增速不低于银行集团的整体增速，力争进入当地主流银行行列。

四是推进金融交易全球化布局。在国际主要金融市场建立金融业务交易中心，加快伦敦等离岸人民币中心建设，打造全球化、全天候的金融市场交易能力。构建全品种、全市场、全球化的产品线，加强境外人民币产品创新能力。积极参与国内外金融市场登记、托管、交易、清算系统等金融基础设施的建设，保障金融市场安全高效运行和整体稳定。大力拓展上海自贸区、沿边重要口岸等特殊功能区的金融业务，增强对国家改革开放试验区的金融支持和服务能力。总之，在全球金融版图和国际金融体系正在发生剧变之时，中国更有必要思考自身的金融战略，以什么样的目标和策略去参与国际金融体系改革。

五、人民币国际化在金融强国战略中居于重要地位

放眼世界范围的国家兴替、民族盛衰，同样不难发现：一国货币在国际经济中的沉浮，往往伴随着大国的兴衰更替；而本国货币国际地位的提升，亦成为大国实现长期强盛的重要基石。15—16世纪地理大发现和新航路的开辟，首次形成了世界范围内的统一大市场，国家之间的经济交往日益频繁，国际贸易规模不断扩大，货币不断跨越国界，金融和货币的国际化开始成为大国间经济政治角逐的核心领域之一。19世纪，英国长期保持世界霸主地位，英镑在全世界得到广泛使用，直到一战前，英镑一直是世界上最重要的国际支付手段和储备货币。19世纪末开始，美国迅速崛起，取代英国成为世界第一经济大国，两次世界大战更使其成为世界最大的债权国，并最终在1944年的布雷顿森林会议上重建国际金融与货币体系，美元取代英镑成为国际货币，华尔街成为新的世界金融中心。布雷顿森林体系瓦解之后，各国货币纷纷脱离金本位制向信用本位制转变，作为货币背书的信用基础越来越取决于本国综合国力的强大与否。正如20世纪60年代，日本成为世界经济第二大国、世界最大的对外投资国和债权国，日元国际化迅猛发展，在全球外汇储备中的占比不断上升，而20世纪90年代日本经济陷入长达十年的停滞，日元在国际储备货币中的地位则迅速下滑。1995年欧元诞生，依托欧盟世界第二大经济体的强大实力，迅速成为仅次于美元的世界第二大储备货币。

那么到底什么货币才是真正意义上的国际货币？为什么大型经

济体都对本币国际化梦寐以求?

所谓国际化货币,主要是指一国或一个经济体发行的货币在境外作为计价单位、交易媒介和价值贮存以及投资手段等并得到广泛使用,其具体执行的货币功能包括:计价货币、结算货币、投资货币和储备货币等。

中国媒体间流传着几种关于人民币国际化主要动机的说法。一种观点是人民币国际化能够加强中国央行货币政策独立性,降低美国等主要经济体货币政策对中国货币政策的影响。这种说法将当前中国货币政策操作难度提高的原因归咎于人民币尚未实现国际化,这显然是不对的。2005 年之前,人民币尚未国际化,但中国的货币政策基本上不受美国等主要经济体的影响。事实上,大型经济体的货币国际化程度越高,政策变动的冲击力越大,其货币政策越要顾忌其他国家的利益。

另有一种说法是人民币国际化能增强中国金融机构的竞争力和帮助中国金融机构在境外获取定价权。中国金融机构的竞争力主要由其经济实力、经营管理机制、人才和客户等自身因素决定,人民币国际化对增加其竞争力有一定的辅助作用,但作用不大。中国金融机构在境外的定价权也不可能因人民币实现了国际化而取得,人民币国际化只能提高境外金融交易的人民币计价比例,至于最终的定价权力则由参与交易的双方的市场力量决定。

还有一种说法是中国可以通过人民币国际化在全球范围内获取铸币税,也可以加速形成具有重要影响力的国际金融中心。人民币国际化的确可获取一定的铸币税,由于中国当前外汇储备充足,财政收入增长速度较快,取得铸币税对中国实际意义不大,我认为获取铸币税也不能作为人民币国际化的根本目的。同时，构建国际金融中心与人民币国际化的互为条件，互为因果，前者也不是后者的根本目的。

以上对人民币国际化动机的说法缺乏理论支持和事实依据，对中国的人民币国际化战略起不到支撑作用，反而平添了美国等主要国际货币国家的担忧，对人民币国际化的战略制造一系列不必要的麻烦。我认为中国经济与世界经济的融合是必然趋势，人民币国际化的动机是为了促进这个趋势的发展，并且保证在这个过程中中国的利益不受侵害，具体表现为：降低中国企业交易成本、为中国企业"走出去"创造便利条件、降低中国在经济发展进程中承担的汇率风险、减少外汇储备压力等。人民币国际化不仅是中国经济实力与地位变化的必然趋势，更是经济发展的战略选择。

其次，客观评估并积极创造人民币国际化的客观条件。一种货币能否实现真正意义上的国际化，需要具备一系列客观条件：一是发行国或发行经济体政治稳定且在国际上的影响强大；二是发行国或发行经济体具有雄厚的经济实力，经济开放程度高且对外贸易额巨大；三是发行国或发行经济体拥有发达的金融体系和完善健全的金融市场；四是政府支持本国货币国际化，并推行有利于本国货币国际化的政策；五是发行国货币币值稳定，具有较好的信誉。应该说，人民币已经具备了这些客观条件，但在实践中还存在一些亟待解决的问题：

一是境外投资者持有人民币的动机问题。一般来说，境外投资者持有人民币的动机有三个，即购买中国产品和服务、对中国进行直接投资以及购买以人民币标价的金融资产。其中，中国现行的政策环境虽然能完全满足第一和第二个动机的实现，但激励的力度明显不足；而满足第三个动机所需的条件则较为复杂。如果持币者选择在中国境内购买人民币标价的金融产品，则中国需向境外投资者开放金融市场，即放开资本项目管制；如果持币者选择在境外购买人民币标价的金融产品，则需培育离岸人民币金融市场，为持币者提供充足的人民币金融工具。目前中国资本项目开放程度较低，离岸人民币市场发展深度不足，成为制约人民币国际化的重要因素。从实际情况来看，目前境外投资者持有人民币的主要动机集中在套利方面，这是人民币国际化健康发展所面临的突出问题。

二是尽快实现人民币可自由兑换问题。人民币自由兑换包括三个层面：其一，境外市场与境内市场之间的人民币自由兑换；其二，境外市场的人民币自由兑换；其三，境内市场的人民币自由兑换。目前的现状是，在不涉及人民币回流的情况下，境外人民币完全自由，境外市场人民币可自由兑换。但由于人民币最终的购买权和收益权对应的是境内市场，如果切断了境内外市场间的自由兑换通道，境外市场的人民币也失去了真正自由的含义，这也是为什么2009 年和2010 年香港人民币同业拆借利率超低，人民银行为进一步培育离岸人民币市场，设立 RQFII，允许境外三类机构参与境内银行间债券市场的原因。因此，如何实现境内市场与境外市场之间的自由兑换，已经成为提升人民币国际化的关键。

三是提升对外输出人民币的能力。金本位制崩溃的一个重要原因是黄金产量增长幅度远低于商品生产与交易增长幅度，黄金作为国际货币不能满足全球范围内媒介商品交易的需求。布雷顿森林体系崩溃后，美元作为国际货币的地位稳固，与美国常年"双逆差"

（1971年布雷顿森林体系崩溃之后，除少数年份之外，美国基本处于"双逆差"的状态）向全球输送美元的局面有一定关系。日本过去几十年一直都在持续推进所谓的日元国际化，但成效不显著，在目前全球储备货币中占比非常低，一个很重要的因素就是日本是贸易顺差国，无法通过贸易赤字的形式对外输出货币，而只能通过金融资本渠道进行货币输出（为促进日元的输出，日本建立了海外协力基金（OECF）和输出入银行（JEXIM），并在20世纪80年代开展"黑字环流"计划，向外输出日元）。人民币要想成为真正意义上的国际货币，不仅要解决境外持有动机、消除持有障碍，还必须提升对外输出供应能力。

再次，经济实力强，不意味着该国货币就能自动成为国际货币，人民币国际化必须主动推进。有人认为，中国经济实力在可预期的时间内能超越美国，可支持人民币在相应时间内成为国际货币。实际上，美国早在1894年GDP就已经跃居世界第一位，到1913年其工业产值已经相当于英国、法国和德国三个国家工业产值之和。但直到1944年《布雷顿森林协定》的签署，美国才确立了美元的国际核心货币地位。从GDP跃居世界第一到美元取代英镑成为国际货币，美国整整用了50年。显然，人民币国际化还必须从战略的角度加以主动推进。

如果国际收支的"双顺差"长期存在，无法向世界提供充足的人民币。金融危机之前，中国经常项目长期顺差。同时，中国作为最主要的新兴市场国家，国际直接投资和金融资本长期、大量进入中国，资本项目下也出现了资本净流入的顺差状态。自1994年开始，中国的国际收支一直为"双顺差"。近年来情况有所变化，而且货币当局通过"货币互换"，或者扩大资本项下人民币流出，降低资本项目顺差规模的方式向国际市场输送人民币。

人民币在相当长一段时间内无法成为主要国际储备货币。一方面，目前中国的综合经济实力尚不足以支持重要经济体选择人民币作为国际储备货币；另一方面，中国的金融市场还不够健全，容量与深度也还不够。这两个方面或许能解释为什么各国中央银行不得不大量持有美元资产的原因。因此，通过中央银行货币互换提升人民币的国际储备地位、尤其是人民银行与主要经济体中央银行的货币互换规模十分重要。

增强国内金融市场容量，有序开放资本项目。对中国而言，资本项目完全开放，意味着国内金融市场完全暴露于全球资本的自由冲击场景之中，如若金融市场的容量不够，难以抵抗来自全球的资本冲击。尤其是在债券市场的容量还不够大的情况下，大量资金进入或者流出中国市场，将引起利率和债券价格大幅上涨或者下跌，对实体经济运行造成直接危害。比较目前人民币和美元的本土金融市场容量，美国供全球投资者选择的风险较小的固定收益市场总额在 2012 年达就达到 38 万亿美元，占美国 GDP 比例高达 240％；而截至 2013 年 10 月底，中国债券市场总额只有 4.86 万亿美元(29.63 万亿人民币，折算成美元)。由于市场容量的巨大差异，在相同的开放环境下，等量国际资本流动对市场的冲击力是完全不同的。

人民币国际计价货币功能是人民币国际化的短板。人民币的国际计价功能是指人民币在国际范围内的私人用途和官方用途中，承担价值衡量和记账工具职能。相对于人民币的国际结算职能，目前人民币的国际计价职能严重滞后。例如，虽然中国已逐渐成为大宗商品消费大国、贸易大国，多个品种进口数量高居全球榜首，但全球大宗商品的标价以美元为主。

通常而言，某一货币是否能作为国际计价货币主要与如下因素相关：一是通货膨胀，通胀率低、币值稳定的货币更有可能被选作贸易计价货币；二是汇率变动，进出口双方选择计价货币时会更多地倾向于选择具有稳定货币政策和汇率政策国家的货币；三是金融市场发展程度，进出口双方更愿意选择兑换成本最低且能被其他国家贸易商普遍接受的货币，这就要求该货币的发行国必须有发达的货币市场、资本市场和外汇市场以及完善的货币市场工具；四是货币的可兑换程度，如果一种货币还没有成为可自由兑换的货币，那么境外持币的风险与成本就比较高，这种货币在与其他可自由兑换的货币的计价竞争当中，就会处于劣势地位。从这些方面来看，人民币充当国际计价货币的路途还十分漫长。

人民币国际化是人民币走出国门，让全球的投资者接受和使用的过程。人民币国际化能否成功，是市场自由选择的结果。中国政府只能以市场引导者身份参与人民币国际化过程。

目前中国金融市场存在一些缺陷，对交易者资格、发行主体的限制较多，缺乏权威的评级机构、金融基础服务设施不完善、金融监管法律不适应当前市场创新的需求都影响了市场整体的发展质量。厘清中国金融市场发展思路，减少政府的干预和管制，一手抓服务，一手抓监管，让市场在一定监管条件下自由发展是亟须完成的重要工作，具体为：逐步放开境外投资者参与中国金融市场的管制；培育信用评级、法律服务、会计审计、资产评估、金融资讯等金融中介服务机构,使其在全球具备一定的影响力;推进市场基础设施建设,完善支付清算、托管、交易制度,逐步引入境外机构直接参与中国金融市场清算;完善金融立法,促进公平、公正和高效解决金融纠纷。当然,加强境外人民币基础服务设施建设,提供高效便捷的清算服务平台,是发展离岸人民币市场,推进人民币国际化的一个重要推动力。

附：

复杂环境考验银行的经营能力 *

　　当前银行业经营环境极其复杂，全球经济与政策走势出现分化，市场不时出现"黑天鹅"并引起剧烈波动，中国经济下行压力超出预期，改革不断深化与新型金融业态快速发展使得银行业不再是"一荣俱荣、一损俱损、同盈同亏"的同质化格局，分化走势将成为必然。这些变化可能不是短期现象，我们应该重视并加强分析研究，以图把握住宏观经济政策、金融改革以及市场发展趋势，不断提升复杂环境下稳健经营能力。

一、"复杂"是当前银行业经营环境的基本特征

　　许多人喜欢用经济形势"严峻"来表述银行业的外部环境，但我认为用"复杂"甚至"极为复杂"更确切一些。中国经济仍然拥有 7% 的增长速度，仍然是全球大型经济体中增长速度最快的国家，现实的市场需求与未来的发展空间仍然十分巨大，难言"严峻"。但阅读统计数据表现出来图形却让人产生压力，分析预测数

---

　　* 《金融世界》2015 年第 6 期署名文章。

据走势的传统模型与经验似乎都不灵验，认识分歧、政策分道、经济分化、市场主体各行其是、冰火两重天，的确"极为复杂"。对于银行家来说，经济形势"严峻"与"复杂"是不同的判断，有着截然不同的战略与策略选择。在真正意义上的"严峻"形势下，"度过严寒""避免破产"是主要任务；而在"复杂"的环境下，挑战与机遇并存，考验的是我们的识别能力。

（一）经济形势复杂多变

2014 年以来，中国经济下行压力超出预期，发达国家经济走势各异，新兴经济体也都面临一系列各自的困难，各方对于未来经济形势的认识分歧在加大。全球政策走势出现分化，美国货币政策趋紧，其他主要经济体货币政策趋于宽松，而中国货币政策在坚持了几年"稳健"之后也在 2015 年第一季度出现明显变化。货币市场、资本市场、大宗商品市场的波动性显著加大。面对纷繁复杂的经济与市场形势，中国政策制定者面临不小挑战，监管风险偏好与政策导向处于犹豫和艰难选择阶段，支持转变增长方式、保持经济稳定、促进实体经济发展、防范金融风险……都很重要，货币政策也在"松紧"之间艰难抉择。一切的一切都比我们预想的要复杂。

1. 许多经济现象无法用已有经济理论与经验进行解释。根据传统经济周期理论与经验，近 20 年来世界经济波动周期短则 3—4 年、长则 5—7 年，但本轮周期自 2008 年以来已经过去 7 个年头，至今仍未摆脱危机阴影，预期今后几年世界经济形势仍然复杂多变，存在较大不确定性。

经济指标间既有关系出现互不衔接，最明显的例子就是，在大规模刺激政策之后，中国货币供给量 M_2 与 GDP 增速之间的相关关系出现明显弱化，具体表现为 2010 年中期以来，中国经济增长速度对货币政策刺激的敏感性出现钝化趋势。

2.对于经济形势的认识分歧前所未有。以往对于中国经济形势发展的大方向，主流认识还是比较容易达成一致的。但是现在，特别是对于今后 1—2 年经济形势的判断，各方出现巨大分歧。例如，2015 年年初展望经济走势的时候，不少观点就认为新的一年里中国经济至少不会比去年差。2015 年第一季度数据出来以后，悲观性观点有所增多，但包括 A 股走势在内的市场指标显示，看好未来经济走势的观点也不乏支持。各方观点对中国经济形势的认识分歧加剧。

3.经济下行压力超预期，下行周期何时结束不得而知。2015 年第一季度中国经济增长 7.0%，延续了自 2012 年以来的放缓态势。3 月份发电量、工业用电量增速分别为 –3.7%，–4.1%，工业增加值、货运量等指标都在往下走，经济下行压力超出此前预期。宏观经济政策把稳增长放到更为突出位置，但经济下行何时结束难以判定。

（二）市场波动加大

美联储已经结束了 QE，市场关注点已经是 2015 年 6 月还是 9 月加息的问题；而欧、日 QE 正处于"进行时"，中国未来货币政策也可能进一步宽松。美元无风险利率上行，套利资金回流为美元继续走高提供动能。新兴市场以及欧洲、日本都面临资本流出压力。

一方面，汇率市场呈现"美强欧弱"格局，未来波动加剧。

2014年下半年开始，美元指数上行趋势显著。随着美元强势回归，欧洲与日本央行继续推进宽松货币政策，欧元兑美元持续贬值，日元贬值趋势也已基本确立。2015年3月下旬以来美元指数虽有回调，但升势难改，国际外汇市场波动风险加大。

另一方面，2014年国际大宗商品市场步入"寒冬"，2015年风险仍然不容低估。2014年年中以来，金属、原油及粮食等大宗商品价格下行趋势明显，2015年年初开始有所反弹并进入震荡。大宗商品价格下跌，一方面是由于主要计价货币美元走强；另一方面，全球经济增长脆弱且不均衡特征导致实体经济需求相对疲软。目前形势下，预计2015年国际大宗商品价格要实现回升，需要世界主要经济体较为强势稳健的复苏。

（三）货币政策在"纠结"中艰难抉择

近年来，经济形势的复杂性增加了中国货币政策的实施难度：一方面，在国际经济艰难复苏时中国经济内生性动力尚未真正开启；另一方面，上一轮刺激性政策影响尚未消除，部分区域和行业性风险呈现逐步暴露的态势，这些因素将令货币政策当局的决策很"纠结"，也让市场对宏观调控的政策走势难以把控。

2013年至今，虽然货币政策总体基调都被表述为"稳健"，但其内涵有显著差别，政策的关注点和节奏、力度均有很大变化。以2014年为例，货币政策主要在"稳增长""防风险"和"降杠杆"之间进行权衡，央行在总体稳健的前提下采取了定向宽松策略，政策操作呈现结构性支持、定向调整的特点，加强重点领域和薄弱环节的信贷支持，但目前来看"定向宽松"的效果还不明显。2015

年货币政策在表述上预计将继续维持"稳健",但面对经济减速超预期的压力,是不是创造适度宽松的货币金融环境,需要仔细琢磨。一方面要防止经济惯性下滑,货币不能太紧,目前来看7%的增速也不是轻易可以完成的任务;另一方面,要防止过度"放水"导致结构扭曲固化、进一步推升杠杆率。

与此同时,货币政策的复杂性也表现在汇率波动方面。美国货币政策未来趋紧,美元无风险利率上行,套利资金回流为美元继续走高提供动能。实际上2014年6月份,美元指数就已经开始走强,结束QE只是确认了此前市场预期。此后美元开启加息周期的预期逐渐升温,美元指数一路上扬,2015年3月一度突破100高点。随后美元指数进入震荡整理,并在(4月14—17日)4连阴后面临方向选择。关于未来美元趋势,我们预计目前只是阶段性回调,美元指数上升周期还远未结束。

面对美元走强,2014年10月开始人民币汇率出现显著的贬值,而在2015年2月又重回升势。未来人民币的升贬也面临两难困境。一方面,人民币升值将对外贸出口部门带来不利影响,在经济整体减速大背景下,进一步减弱三驾马车(净出口)的动力;人民币进入贬值通道,又将加速资本外流并且对人民币国际化带来十分不利的影响。预计人民币波动区间加大是大概率事件。

二、中国经济结构变化趋势日渐明显

2014年以来,中国经济增速进一步放缓,根本原因在于目前经济正处于新旧动力转换的关键期,投资、出口、房地产、集团

（公款）消费以及尚未升级的低端制造业等传统增长动力不断消退，而新动力体量还比较小，虽然增速比较快，但短期内还难以弥补传统动力消退带来的影响。在此特定时期内，国内需求结构发生显著变化，区域、行业、企业等经济结构加快分化，金融监管分化趋势也更明显，尤其是存款利率市场化改革进入实质推进阶段，这将对商业银行客户选择、风险控制、产品定价、盈利能力等诸多方面提出更高要求，银行业竞争将更为激烈，金融业分化成为大势所趋。

（一）经济"三驾马车"增速在持续分化

从宏观经济需求结构变动来看，中国经济结构转型与动力转换体现为"三驾马车"增速在持续分化。2015 年第一季度投资同比名义增长 13.5%，低于 2014 年 13.9%的增速，固定资产投资延续了 2012 年以来回落态势成为经济下行的主导力量。2015 年 1—3 月份房地产投资增速只有 8.5%，多年来第一次跌破两位数；制造业投资增长 10.4%，下降幅度放慢但是否企稳回升仍需要观察；基础设施建设投资增速回升至 22.8%，但未能抵消前两项的下滑幅度。2015 年第一季度进出口累计同比下降 6.3%，其中出口累计增幅回落至 4.7%，3 月份同比更是大幅下降 15%。出口增幅下降且月度波动性过大，对经济增长的拉动作用日渐看淡。"三驾马车"中，尽管消费增幅也有所下滑，但总体来看比较稳健。2015 年第一季度，社会消费品零售总额 70 715 亿元，同比名义增长 10.6%，其中，全国网上商品和服务零售额 7 607 亿元，大幅增长 41.3%，电商网购成为消费平稳增长的重要商业模式。

(二) 行业经济增长分化态势明显

现阶段中国经济结构调整升级、增长动力转换突出表现为行业增长分化格局日益明显。一是局部二三线城市房地产供大于求格局正在向大部分二线城市甚至一线城市蔓延，房地产企业面临急剧分化格局，行业性调整不可避免。数据显示，房地产投资、销售持续滑落，2015 年 3 月份房屋新开工面积暴跌 18.4%，而商品房待售面积 64 998 万平方米，创下历史新高。二是受房地产下行影响，中国工业尤其是制造业中钢铁、水泥、工程机械、矿山、交运、石化、家具家电等相关行业增速快速回落。数据显示，2015 年 1—3 月，水泥产量同比下降 3.4%，钢材产量同比由 2014 年同期的 5.3%降至 2.5%，挖掘机同比大幅下降 27.6%，空调产量同比下降 1.5%，家居产量同比仅增长 1.2%，铁路货运量同比大幅下降 9.4%。三是工业增长整体疲弱，但高端装备制造和计算机通信等行业表现相对较好。数据显示，2015 年第一季度中国高新技术产业增加值增长 11.4%，比工业平均增速高 5 个百分点；新能源汽车、机器人产量增幅均在 50%以上；计算机、通信和其他电子设备制造业，铁路、船舶、航空航天和其他运输设备制造业累计同比分别增长 12%与 12.6%，远高于通用、专用设备制造业的同期增幅。四是以互联网、大数据、云计算新一代信息技术为代表的信息化正在加快与工业化、农业现代化、城镇化的融合，催生出很多新主体、新产业、新业态，中国经济的新动力在加快孕育。数据显示，中国物流业景气指数持续维持在 50%以上高位水平，2015 年 3 月份高达 58%，至 2015 年 3 月份电信业务总量连续 15 个月高速增长，移动互联网接入流量累计同比高达 88%，云计算、大数据市场规模 2015 年同比分别高达 63.1% 与 133.2%。

（三）区域经济增长驱动力分化

从区域角度观察，现阶段中国经济分化调整的格局也是比较明显的。一些产业结构相对单一、过多地依靠原材料、燃料、重化工或者某单个行业的地区，近期经济增长表现都不太好。较为突出的，东北地区作为中国重要的原材料基地和重化工基地，长期以来形成单一产业结构，在宏观经济运行进入新通道后抗风险能力、抗市场冲击能力相对比较弱，近期经济增速回落幅度较大。数据显示，2015 年 1—3 月份辽宁、吉林、黑龙江三省经济增速分别回落至 1.9%、5.8% 与 4.8%。而山西经济对煤炭行业依赖程度过大，2015 年 1—3 月份增速快速下滑至 2.5%；海南经济对旅游业依赖性大，经济增速下滑至 4.7%，比 2014 年增速回落近 4 个百分点。而产业结构比较齐全、顺应产业发展的方向、超前调整、超前转型的一些地区，经济则保持了持续健康发展态势，甚至一些地区增速有所回升。数据显示，处于东部地区的上海、北京、江苏、广东、山东等省，经济增速回落幅度较小，广东与 2014 年同期持平，上海、北京、江苏、山东小幅回落 0.4、0.3、0.4 与 0.9 个百分点，浙江省经济增速则比 2014 年增速提高 1.2 个百分点。除贵州、重庆两地区经济增长保持了强劲势头外，中西部地区多数省份经济增速回落幅度适中。总体上来看，当前中国各省份经济增长态势基本上反映出各地经济调整、转型能力与现状。

（四）企业盈利水平不断分化

在经济增长动力转换衔接期，微观领域分化态势也不断显现。2015 年以来中国规模以上工业企业利润增速继续加速下滑，1—2 月份，工业企业利润总额较 2014 年 12 月大幅下降 7.5 个点至 -4.2%，为三年来的最低水平。引人关注的是，在此次利润下滑过程中不同类型、不同行业企业表现各异。一是国企盈利能力最差，股份制企业次之，私营企业表现较好。数据显示，2015 年 1—2 月份国有控股企业净利润大幅下跌至 -37%，股份制工业企业净利润也下跌 7%，而私营工业企业盈利状况却较为良好，净利润同比增长 9.1%。二是上游采掘和中游部分原材料加工业的利润负增长态势在加速扩大，不同行业企业盈利分化明显。数据显示，2015 年 1—3 月份，采矿业企业利润总额大幅下滑 62.6%，其中，石油和天然气开采业大幅下降 74.9%，煤炭开采和洗选业、黑色金属矿采选业企业利润分别大幅下降 61.9% 与 49.3%。中游石油加工、炼焦和核燃料加工业企业利润同比暴跌 239.9%，橡胶和橡胶制品业同比下降近 15.5 个百分点，而黑色金属冶炼及压延业利润总额同比小幅增长 2.2%，有色金属冶炼及压延业、化学纤维制造业则同比大幅增长 28.2% 和 44.6%。三是设备制造业企业盈利水平分化明显，2015 年 1—3 月铁路、船舶、航空航天等运输设备制造业企业利润总额同比增长 17.8%，计算机、通信及其他电子设备制造业同比增长 22.9%，而通用设备制造业仅增长 2.2%，专用设备制造业则同比下降 1.7%。

（五）金融监管差别化、存款利率市场化推动银行业逐步分化

近年来，中国金融监管差别化、利率市场化以及存款保险制度改革，推动银行业逐步分化。一是配合利率市场化改革，存款保险将从基准费率开始逐步走向风险差别费率。二是农村金融差异化监管原则、措施进一步细化将促进农村金融发展分化。日前，银监会在《关于做好 2015 年农村金融服务工作的通知》中明确提出，对涉农不良贷款给予更大的容忍度；结合涉农贷款季节性特点，对涉农贷款占比较高的县域法人金融机构实施弹性存贷比要求；支持符合条件的银行业金融机构发行"三农"金融债；优先对涉农贷款开展资产证券化和资产流转试点等等。三是互联网金融监管方案出台将加速新型金融业态整合。2014 年以来，互联网金融飞速发展的同时带来行业乱象，互联网金融监管方案呼之欲出。预计 P2P 或归属银监会监管，众筹和余额宝类产品归属证监会监管，第三方支付则可能归属央行监管，互联网融资也将纳入社会融资总量，并建立完善的互联网融资统计监测指标体系。监管方案实施后，互联网金融行业朝健康有序稳定方向发展的同时，也会加速行业的优胜劣汰，互联网金融企业将朝着更精细化、细分化的方向发展，各平台在细分领域的竞争也将更加激烈。四是从国外情况来看，利率市场化期间及其完成后银行业乃至整个金融行业呈现分化态势，中小商业银行破产、倒闭、行业并购事件增多，行业集中度得到提升。资料显示，1986 年美国存款利率市场化完成时，FDIC 保险的商业银行机构总数为 14 210 家，随后开始急剧下降，2009 年年末商业银行机构总数下降为 6 839 家；同时，资产规模最小的金融机构生存

空间被挤压，1986—2010年第一季度，资产规模较大的金融机构（100亿美元以上）资产份额从28.3%上升到77.7%；1985—1994年，资产规模在100亿美元以上银行占银行数量比例由50%上升至63.45%。美国银行业经营实践显示，商业银行通过并购增强自身规模来应对利率市场化冲击，成为导致银行业集中度提高的重要途径。在利率市场化改革完成初期，因经营失败而被并购的中小金融机构数量持续上升，1988年到达并购顶峰，有201家机构被并购，随后有所下降，但年均仍有百家机构被并购。中国利率市场化改革完成后，随着市场约束不断增强，银行业竞争将更为激烈。这将对商业银行产品利率定价、风险防范、产品创新、资债管理、竞争发展战略等提出更高要求，有力推动银行业加快分化。

三、复杂环境下银行经营决策应该把握好几个趋势

面对复杂多变的经营环境、日趋分化的行业趋势，银行业尤其是大型银行在经营策略上必须准确把握好宏观经济政策、金融改革、市场发展趋势。

（一）把握宏观经济政策趋势

未来一段时间，宏观经济政策的基本取向是：积极财政政策、适时调整与前瞻性的货币政策、以加大基础投资和促进居民消费升级为核心的内生增长政策、以"一带一路"为重点的国际经济战略。可以预见的相关措施将不断推出。银行业必须把握宏观经济政策趋势，巩固传统业务发展优势，大力开拓新兴业态、消费金融业务，

积极推进国际业务发展。

1. 把握投资增长和投资结构调整变化趋势，加强基础设施建设、高端制造业等的金融业务发展。从中长期趋势来看，投资在经济增长中仍发挥着关键作用，但现在的投资已经不完全是传统意义上的"铁公基"，投资政策调整侧重在补短板、调结构、增加公共产品和公共服务的供给，提高投资的效率。当前中国基础设施还比较薄弱，基础设施投资既可以稳增长，又可以助力产业结构升级，"一箭双雕"。根据麦肯锡预计，全球基础设施投资在未来 18 年间要达到 57 万亿美元，中国仍将是全球最大的基础设施投资国。被视为中国版"工业 4.0"的《中国制造 2025》推出，实现中国从制造业大国向强国的转变，装备制造更新改造、关键部件自主生产、核心技术的提升等，也都需要大量的投资。要把握投资增长和投资结构调整变化趋势，加强民生实体经济（与居民日常消费密切相关的"三农"与"小微"）、基础设施、先进装备制造业、信息服务、创新研发等行业领域的金融业务发展。尤其需要加强从一般性制造业、低端制造业的退出，加大对高技术制造业、高端装备制造业等的金融投资服务。

2. 把握消费扩大和升级趋势，大力发展消费金融业务。

在经济加速转型时期，宏观政策将更加注重增强消费拉动经济增长的主引擎作用，国家已多次部署推进消费扩大和升级，促进经济提质增效。结合国家消费政策导向和多样化、国际化、网络化等新时代的消费发展趋势，除了继续关注居民住房按揭贷款和汽车消费信贷以外，还应该大力发展智能家电消费、信息消费、绿色消费、旅游休闲消费、教育文体消费、养老健康家政消费等消费金融业务。这里还想特别强调养老金融的重要性。中国是亚洲增长最快的新兴养老金市场，到 2030 年，预计养老金市场的规模将达到 15 万亿元，成为全球第三大养老金市场，将为银行业养老金业务带来可观的发展前景，也将成为银行业"兵家必争"的关键业务领域。银行业应该在巩固传统的年金管理优势之外，建立全方位的"大养老金融"业务框架，以"与客户共养老"的理念，针对不同年龄阶段的客户特点设计不同的养老金融产品，打造养老金融市场的品牌优势。此外，中国已成为全球最大的网络零售经济体，顺应"互联网+"国家发展战略，银行业也要加大拓展电商、物流等金融业务。

3.把握企业"走出去"和国内市场对外开放不断深化的趋势，加快国际业务发展。出口对经济增长有着重要的拉动作用，从世界经济发展来看，在走向经济大国强国的过程中都高度重视国际经贸往来，最发达的经济体也是最离不开国际市场的经济体。可以预见，中国将会进一步加快实施"走出去"战略，优化进出口结构，提升出口竞争力。未来 10 年左右的时间中国同"一带一路"沿线国家的年贸易额将突破 2.5 万亿美元。中国作为全球最大的商品贸易国，未来人民币国际化、国际性采购链在中国制造业的集中整合等，都为商业银行国际业务的发展提供巨大的市场空间。近年来，中国银行业的全球布局提速，国际化网络已现雏形，为进一步提升国际业务竞争实力奠定了良好的发展基础。对于中国银行业而言，需要认真向欧美日等跨国金融机构学习怎样为客户提供国际金融服务，努力提升国际业务市场份额。未来提升国际业务竞争力，要围绕"产品"和"技术"两大重点，在产业链、上下游、全方位服务上下功夫，为客户提供本外币一体化、专业技术含量高的国际金融服务方案。

(二) 把握金融改革趋势

中国处于全面深化改革的关键时期，金融领域也将迎来改革大潮。利率市场化改革必定加速推进，当前除了人民币存款利率尚未完全放开外，其他各层次、各形式的金融交易价格已经基本放开，利率市场化改革有望在未来 1—2 年内全部完成。《存款保险条例》的推出，标志着存款保险制度建设取得重大进展，银行业由国家信用兜底的格局已经打破。"开放也是改革"，人民币资本项目自由兑换有望在不长的时间内实现。人民币汇率浮动幅度扩大，人民币汇率中间价形成机制改革进一步完善。政策性金融改革方案尘埃落定，政策性银行和商业银行各归其位，金融机构越来越回归到服务于实体经济。银行业准入门槛放宽，民营银行和非银行金融机构将不断发展做大，互联网金融也将快速发展。银行业要把握金融改革趋势，积极进行创新产品，增强定价能力，加快经营模式转型，提升稳健经营、可持续盈利能力。

一是把握国际监管改革趋势，提升风险经营能力和资本管理水平。正视中国银行业与国际活跃银行在风险管理技术、理念、资本配置能力等方面的差距，加强银行基础建设，尽快迎头赶上。否则，我们将在国际竞争中再次处于被动、落后地位。

二是把握危机之后银行业转型趋势，加强体制机制、经营管理、产品服务、商业模式等各方面的变革创新，提升产品和服务的市场适应能力和竞争能力，提高经营管理效率，促进盈利模式加快转变，减少对利差收入的依赖。同时，加强创新风险管理。创新金融业务，也要回归到代理业务主导，服务于实体经济发展。

三是密切关注金融跨界苗头，加快互联网金融业务发展。互联网金融成为中国经济最具增长潜力和活力的领域。要摒弃传统思维，用开放的心态和互联网的思维，真正做到以用户体验为核心，在服务流程上做到最大便利，用大数据最大可能收集用户行为数据，培养客户行为预测的能力，成为客户的生活伙伴。近年来，银行业通过培育电子商务、手机银行、微信银行等移动金融服务，基本构建了覆盖网络、电话、手机、电视、自助设备等全方位的电子服务渠道，确立了互联网金融业务的战略地位。未来要继续深刻把握互联网领域的发展趋势，不断形成跨界经营与竞争优势。

四是顺应市场化改革趋势，增强风险定价能力。随着利率汇率市场化深入推进，金融市场主体增多，同业竞争趋于加剧和更加复杂等，存款、贷款、中间业务产品定价，尤其是对存款以及利率、汇率等信用衍生产品的风险定价以及基于客户经营的综合定价能力，对各家银行都带来巨大挑战。为此，要加强对客户信息的充分收集、加工和整理，夯实定价管理技术基础，完善定价模型，加强定价精细化管理，进一步提升产品和客户的综合定价水平，实现有竞争力的收益覆盖风险。

五是适时推进银行自身经营管理体制机制改革。要进一步建立覆盖全业务领域、统筹各类风险、贯穿经营管理全过程的全面风险管理体系，丰富风险管理工具，加强并表、集团风险管理。调整、优化资产负债结构和客户结构，建立适应于经济周期的资产组合及逆周期的动态拨备制度。在推进综合化经营的同时，进一步完善集团和子公司之间风险隔离机制。积极探索层级制大型银行内部经营

管理架构，处理好总行与分行及其经营网点的功能定位、市场拓展
与风险管控之间的平衡、前中后台之间的平衡、效率与制衡之间的
平衡。

（三）把握市场发展趋势

考虑到国内多层次资本市场建设步伐不断加快和国际金融市场
与商品市场风险日趋复杂的趋势，客户的市场融资服务和风险管理
服务要求十分迫切。银行业应该主动提供资本市场服务，加强风险
对冲产品开发，推动交易与资产管理业务等快速发展。

一是加强金融产品和服务创新，为国内外客户提供"端对端"、
风险对冲保值增值的全面金融服务。当前世界经济仍处于缓慢复苏
中，全球经济、政策走势出现分化，国际金融市场动荡加剧，黄
金、石油、铁矿石等国际大宗商品价格波动显著。黄金从 2012 年
高峰时期的一盎司 1 800 美元左右滑落到当前的 1 200 美元左右，
国际原油期货价格 2014 年 7 月份还在 100 美元以上／桶，到 2015
年 3 月份仅半年的时间，跌落到 50 美元以下／桶，铁矿石价格近
一年来波动幅度也在 50% 以上。波动既带来冲击，也意味着机遇，
客户投资风险对冲需求增加。目前中国外贸依存度仍在 40% 以上，
近一半的经济活动与国际市场相关。银行业应该在准确把握国际大
宗商品价格波动趋势的基础上，加强"结算＋融资＋避险"综合
金融产品和服务创新，为国内外客户提供"端对端"、风险对冲保
值增值的全面金融服务。

二是把握多层次资本市场发展机遇，推动交易业务和资产管理
业务跨越发展。目前，中国覆盖股权和债权的多层次资本市场已基

本形成。股票市场形成了主板、中小板、创业板、场外交易市场并存的多层次市场体系。债券市场形成了国债、地方政府债、金融债、公司类信用债等多层次体系。国际市场主要商品期货品种基本上都已在中国上市交易，股指等金融期货也得到积极发展。中国资本市场规模已跃居世界前列。要依托多层次资本市场发展，推动商业银行交易业务和资产管理业务跨越发展。纵观富国、花旗、摩根大通、美国银行等全球超大型银行，无一例外都是交易业务和资产管理业务大行，并在处于市场领导者地位。交易业务和资产管理业务的比较优势，导致其中间业务与表外业务发达，促进了其盈利模式多元化。如富国银行管理的资产，是其自有资产的 10 倍。由于管理的资产多，资本占用少，这些银行的 ROA、ROE 等指标均稳居高位。过去十年，中国已成为亚太区最重要的新增财富来源。根据有关测算，到 2015 年年底，中国可投资资产高于 600 万元人民币的家庭将超过 190 万户，国内所有可投资资产总额则将近 100 万亿元，资产管理需求不断增多。交易业务和资产管理业务将迅速崛起为中国商业银行重要业务支柱。因此，银行业必须紧密关注并把握多层次资本市场发展带来的机遇，着力提高新产品、新业务开发能力、做市能力。

第五章

用大国经济思维来理解中国房地产问题

2014 年上半年，我国 70 个大中城市商品房的销售面积下降 6%，销售额下降 6.7%，特别是一些热点城市房价下降突出，一些地方政府救市的新闻充斥各类媒体，以至于一些专家判断，中国经济下行与房地产价格下跌叠加，市场可能要崩溃。2015 年下半年以来，有关房地产危机问题再次成为热点话题，各种观点和政策主张很多，但分歧很大。我认为，由于房地产商品的异质性，中国房地产发生全国性崩盘的风险概率很低，但需要重点警惕房地产功能失调风险、"土地财政"内生性引致房地产市场次生风险、过度杠杆化引致的风险。未来房地产行业健康发展既要正本清源又要清热解毒，尤其是建立长效机制，确保房地产居住的核心功能，同时按需求抓紧构筑多层次住房保障体系。

一、大型经济体房地产市场不易发生系统性风险

观察房地产市场风险不能就事论事，更不能简单套用其他市场分析方法，而应该深刻理解房地产市场的本质特性，把握其特有的规律。

（一）房地产商品的异质性决定了大型经济体房地产市场不易发生系统性风险

所谓房地产商品的异质性是指由于土地的不可移动造成了每个房地产商品具有唯一性、不可复制性。实际生活中，除了土地这一基本决定因素外，社会、文化等多个层面的因素进一步固化了房地产商品的异质性。例如，房屋所处不同区位的自然、社会、经济条件的差异以及建筑功能与风格、朝向、层次、规格、装饰、设备等方面的千差万别，更强化了房地产的异质性，我们甚至可以说，房地产商品可以认为是经济学意义上接近于完全差别化的产品。

房地产与小麦和大豆等农产品、石油或矿产等大宗商品具有明显的区别。对于大宗商品来说，同一类商品的个体之间基本上是同质的，因而在市场完全开放的条件下商品价格具有同一性，各个区域之间的价格差异主要体现为运输成本差异。同时，由于这种近似同质的商品可以在全国市场、甚至全球市场批量流动，一旦发生足以影响供给和需求的重大事件，价格波动就会迅速传导到全国市场乃至全球市场，形成系统性风险。而对于房地产市场，几乎没有任何两宗物业是完全相同的，一栋楼里不同户型的价格也有差异，不

同楼盘的价格差异更大，不同城市或者区域的价格差异性会更加显著。因此，一个物业的价格变化，并不必然会引起其他物业价格等比例变化，尤其是不同区位、不同功能的房地产价格的相关性更低。

也就是说，对于一个大型经济体而言，房地产市场的区域性差异会非常明显，尽管各区域房地产市场都受到宏观经济大环境影响，但是相互之间的联动性是非常有限的；房地产商品的异质性造成了不同区域的房地产市场天然是分割的，甚至可以近似看作不同的商品。诚然，对于小型经济体，房地产的区域性特点不明显、甚至只有一个区域（如香港等城市经济体），往往出现同一时间点上房地产崩盘，进而引发经济危机。但是如果深入观察房地产商品特殊的价格传导机制，并从大型经济体的角度来分析，各个区域间的房地产市场价格波动不会出现严格意义上的多米诺效应，更不会出现短时期发生全面或集中崩盘的系统性风险。

（二）大型经济体房地产并未发生真正意义上的系统性崩盘

一般认为，所谓楼市崩盘，是指房产市场价格在经过一段时间的持续上涨后，短时间内房价出现超过30%以上的急剧下跌现象。"崩盘"的概念源于股市，华尔街通常将股市崩盘定义为单日或数日累计跌幅超过20%。从世界历史看，目前为止，还没有大型经济体短时间内出现全局性的房地产崩盘先例。尽管美国、日本等大型经济体在历史上都曾经出现过房地产危机，但这些危机主要是局部的、区域性的，并没有直接引起全国性的房地产崩盘。例如，美国历史上著名的1926年佛罗里达州房地产危机，虽然危机造成了佛罗里达地区经济萧条，但是并未引发美国全国性的房地产崩溃。再如，美国的"次贷危机"，这场源于房地产泡沫破灭的危机，从表面看似乎是席卷了美国全国、甚至全球，但是我们看一下美国这段期间的房地产价格数据会发现，美国住房价格指数（HPI）从2007年初的最高点192下降到2011年第二季度最低点157，跌幅仅为18%左右，并未达到下跌30%的崩盘标准（仅有少部分地区跌幅超过30%）。之所以人们感觉上这场危机影响如此之大，实际上主要是由于美国独特的财税、货币政策和金融系统问题导致的全国性金融危机，而非房地产价格猛烈下跌导致的经济崩溃。

但是对于一些小型经济体或地区，房地产泡沫破灭往往带来了严重的经济危机，例如20世纪80年代中期，泰国、马来西亚、印度尼西亚等东南亚国家政府出台了一系列刺激性政策，把房地产作为优先投资的领域，促进了房地产市场的过度繁荣，最终形成了房地产泡沫，在危机爆发后，随即演变为全国性的经济危机。再如，20世纪90年代香港地区房地产泡沫破灭后，房价从1999年最高峰开始持续下跌，6年跌幅累计达65%，导致香港经济陷入萧条。

（三）美国"次贷危机"也不是一个例外

既然大型经济体房地产危机很难引起全国性经济危机，那么为什么"次贷危机"后，出现了美国全国性的金融危机、甚至席卷了全球，这是"大型经济体房地产不易发生系统性风险"这一基本结论的例外案例吗？实际上，我们深入分析一下就会发现，"次贷危机"是美国独特的财政、金融政策以及独特的金融体系使然，而不是房地产市场自身风险逻辑发生了变化。

从财政政策看，21 世纪之初网络经济泡沫破灭后，美国政府为了刺激实体经济发展，财政政策采取购房贷款利息允许个税前扣除等鼓励性措施，提振居民消费。这项财政性刺激措施，客观上鼓励了房产投资需求，推动了房价的上涨。

从货币政策看，利率前降后升的反转走势埋下了房地产泡沫形成和破灭的种子。2000 年 7 月—2004 年 6 月，为应对 IT 经济泡沫破灭导致的经济疲弱，联储将利率从 6.5% 左右经过十多次下调降到 1.0%。但是 2004 年 6 月—2006 年 7 月，联储又通过 20 多次升息把利率提升到 5.25%，成为刺破房地产泡沫的重要导因。实际上，2000—2004 年，货币政策过于宽松导致严重负利率时，融资成本下降和流动性过剩刺激房屋需求增长。受到短期供给缺乏弹性因素制约，房屋市场供求关系失衡推动房价上涨。房价飙升影响人们预期，激发了人们投资房地产博取资产升值利益的投机需求，进一步推动需求上升和新一轮价格上涨，从而不断吹大了房地产泡沫。当然，银行放松风险底线为房地产泡沫的形成和破灭起到了"煽风点火"的作用。联储的低利率引起房价持续上涨，为了充分享有房价上涨所带来的高收益，银行有内在动力向信用评级较低和收入不高的借款人提供信贷支持，而极低的信贷成本和持续上涨的房价让不具备还款能力的借款人也产生了内在的投机需求，因此，次贷市场蓬勃发展。然而，美联储加息导致借贷成本急剧上升、房价却开始下滑，双重压力导致还款能力不足的借款人出现大规模违约，引发"次贷危机"。

从金融体系看，美国发达但风险评估、管控缺位的衍生品市场是房地产泡沫形成和破灭的"鼓风机"。银行通过 ABS、CDO 等资产证券化工具将"次贷"重新包装、在金融市场上出售，这样银行不仅能够快速回笼资金、获取收益、减少资本占用，而且不用承担"次贷"的违约风险。那些本应该对衍生品风险状况做出客观评估的评级机构，出于利益考量，对次贷衍生品风险状况"睁一只眼、闭一只眼"，给予了高评级。于是我们惊奇地发现，经过这样一个发达但风险评估、管控缺位的衍生品市场的包装，次贷这个"矮穷丑"摇身一变成了"高富帅"。这无疑激发了购买者对次贷衍生品的青睐，房利美、房地美等机构大量买进次贷衍生品等有毒资产，甚至连银行、保险公司也购买了不少的次贷衍生品。

因此，次贷的资产证券化并没有像人们设计时所希望的那样分散风险，反而恰恰是将风险重新集中到金融市场，并且通过衍生品的放大作用，将风险放大了若干倍。这种恶性循环使得金融体系的风险不断放大、不断衍生，从而才造成了如此大面积的金融危机。

由此可见，不恰当的财政、金融政策导致房地产市场背离正常轨道，导致了房地产市场出现周期性的波动。统计数据也验证了这一观点，从 1963 年至今，美国共有四次大的房地产危机，每一次的市场调整期都与美国经济周期密切相关，大约相隔 12 年左右会有一次大的市场调整期，市场调整周期持续大约 3 年，调整期间美国房价会有较大的波动、下滑。

（四）中国房地产市场会发生系统性风险吗

对于中国而言，无论是从经济规模上，还是国土面积上，都是一个大型经济体，并且由于历史上行政计划的延续，事实上中国不同区域的房地产市场的联动性远远小于完全市场经济国家，因而各个区域房价在上涨一段时间后，往往会呈现区域分化的特点，因此中国出现全国性的房地产崩盘的概率非常之小。

除此之外，中国房地产市场特殊性使其出现系统性"崩盘"的可能性很小。一是中国房地产市场仍然有着较强的刚性需求，难以出现全国性房地产价格大幅下跌。中国目前具有稳定而高速的经济增长、较低的通胀和及时的政策调控，居民收入持续增长，自主性需求和改善性需求还较为旺盛。并且，中国城镇化率远低于发达国家平均水平，随着中国城镇化的稳步推进，城镇化引致的住房需求也将保持稳定增长。二是个人购房贷款占比大、质量高，不会爆发"次贷式"的风险。目前我国个人住房贷款余额占房地产领域贷款的 2/3，因此个贷资产质量直接决定了房地产领域的贷款质量和金融风险。事实上，我国个贷资产质量很高，不良率不到 1%。高质量并不是偶然的，而是有着深层次的原因。一方面，中国的个人按揭贷款市场特点与美国有着明显的区别，"次贷式"风险的根源在于美国的银行为了增加收益，拓展了一些低信用评级、还款能力不足的借款客户，而在中国，贷款属于稀缺资源，大量的高质量个贷客户可供银行选择，这就从根本上保证了中国按揭贷款质量，不会爆发"次贷式"的风险。另一方面，2010 年以来，我国住房贷款政策侧重于支持首套住房，满足自住需求，并大幅度提升投资型房地产客户的成本，挤压投资需求。首付比例较高、举债杠杆率、传统守信观念、国民收入稳步增长等因素促成了个贷风险较小，这一点从前期温州等房价下降较多区域的个人住房贷款违约仍然较少可以得到直接印证。三是中国财税和货币政策较为稳健，不存在"次贷式"的不当政策诱因和金融体系缺陷。从过去 10 余年的我国货币政策与房贷政策看，并未出现如2001—2005年的美国过度宽松货币政策和房贷政策，总体上仍属于谨慎状态。从货币政策看，除了2008年第四季度至2010年上半年出现明显的宽松政策外，其他时间以稳健为主，尤其是利率水平较为稳定；从房贷政策看，我国个人住房贷款首付比例一直实行较为严格的管制；从金融体系看，目前我国商业银行尚未大面积创新个人房贷金融衍生品，风险集中和风险杠杆比例较小。因此，我国目前不具备爆发"次贷式"危机的基本条件。四是大型房地产开发企业占比大，抗风险能力强。2013年年底，中国上市的房地产企业资产负债率已降至50%左右，远远低于金融危机期间90%的水平。过去几年，前10大房企的市场份额上升了3个百分点到13.3%，前50大房企的市场份额则上升了5个百分点至25.4%，行业集中度提高带来更强的抗风险能力。大型房地产企业不仅自身资金实力强，而且其开发的项目所在区域地理位置较为核心，具有较强的抗风险能力。从国外房地产危机看，各核心区域、资源稀缺地域的房地产项目较为抗跌，具有较强的抗风险能力。当然，我们不排除局部地区的小房地产开发企业爆发个案风险的可能性，但从目前看，多数爆发风险的房地产开发企业都是源于民间借贷、高风险投资、不规范、高杠杆等问题，而真正由于房地产价格下跌、销售困难爆发风险的企业是非常少的个案。

二、中国房地产市场要警惕三大风险

由于房地产商品的异质性，中国房地产发生全国性崩盘风险的概率很低，但20多年来中国房地产发展过程中积累的问题始终未得到有效解决，因而发生局部地区房地产市场崩盘的风险还是极有可能的。具体而言，当前中国房地产要重点警惕三大风险。

（一）警惕房地产功能失调风险

作为一种商品，房地产的核心功能是居住，但是房地产商品的特殊之处在于其与土地的不可分割性，而土地的稀缺性赋予了房地产保值增值的派生属性，由此衍生出了房地产的投资功能。因而，房地产具有消费和投资的双重功能，这两种属性和功能是统一的、不可分割的。其中，居住功能是房地产的核心功能，投资功能是派生功能，因为投资房产的目的是用于出租或者出售，总之最终都将用于居住，如果没有了居住属性，投资属性也将随之消失。

从理论上讲，任何地方的房地产都具备居住和投资这两种属性，但是房地产的异质性决定了不同区域的房地产的两种属性具有不同的表现。而且，即使同一区域、同一时期的不同楼盘也会因房屋具体所处的地段、环境等因素，其居住和投资两种属性也不尽相同。对于土地资源更为稀缺的大城市、超大城市，房地产的投资功能要明显高于一般城市或者农村，投资功能也更容易被发现和挖掘，当然也更容易被过度放大。

这里，尤其值得我们关注的是，如果一个较大区域房地产商品的居住功能和投资功能发生次序逆转，必将产生较大泡沫并引发区域性市场危机。实际上，多个国家的真实案例已经不止一次地验证了这一结论。历史上，日本和中国香港都曾经一度错误地推行重投资轻居住的发展模式。这种发展模式基本上是将房地产作为一种金融资产来进行投资，而且是政府出台相应的政策支持民众开展这种投资。于是，大量的资金涌入房地产市场，造成房价长期、持续走高，远远脱离了居民实际收入增长速度，也远远脱离了房屋实际居住功能可提供的使用价值，成为单纯的投机炒作。在没有实际价值支撑的情形下，无论是股票还是房地产都难以避免最终的价值回归过程。这种畸形的功能紊乱导致房地产价格暴涨暴跌，并且严重影响了居民的居住需求和居住质量，对一个国家的民生和经济都造成恶劣的影响。

（二）警惕"土地财政"内生性引致房地产市场次生风险

所谓"土地财政"是指地方政府对于从土地开发及相关领域所获得的税收和公共产权收入产生严重依赖。"土地财政"主要表现为地方政府依靠出让土地使用权的收入来维持地方财政支出，由于这些收入属于预算外收入，所以又叫第二财政。据统计，2013年此预算外收入高达地方政府预算收入的60%，可见"土地财政"名副其实。

"土地财政"导致本应当作为公正性代表的政府具有内在的利益相关性，这种利益倾向性必然反映在地方政府的各项房地产相关的政策和管理行为中，导致相关政策和政府行为发生扭曲，这种扭曲的目的是保护"土地财政"，因而某种程度上地方政府和房地产开发企业成了利益共同体。

"土地财政"不仅通过扭曲政府行为来影响房地产市场走势，而且可以直接对房地产市场供求关系产生扭曲效应。"土地财政"使地方政府的"经济人"角色不断强化。地方政府在房地产市场中的土地垄断地位和其追求预算最大化、增加可支配财力以发展经济的行为动机，使其在不公平的土地交易中成为最大的获利者，且对土地财政形成极强的依赖性。因此在房价出现波动时，地方政府会存在"救市"冲动。通常而言，房地产市场滑坡开始之后大约六个月到一年，开发商的现金流就会有麻烦。由于转让土地收入已成为各级地方政府的重要收入来源，房地产销售放缓意味着开发商没有钱向地方政府买地了，这就会影响"土地财政"的来源，因此地方政府必将通过政府行为来进行房地产市场干预，从而破坏房地产市场发展的客观规律，引致房地产的风险积聚。近期各地方政府纷纷松绑房地产限购政策的行为，已经充分验证了"土地财政"与房地产的这种密切关系。

实际上，从更加宏观的角度来看，"土地财政"带来的风险已经超出了房地产的领域，其本质上带来的是资源配置的扭曲，这将引起一个地区的经济结构扭曲，进而反过来对房地产产生不可估量的深刻影响。一方面，政府将大量的土地出让金用于为房地产配套的基础设施建设方面，地价的过快上涨也加速了"去工业化"的进程，在投资渠道缺乏的中国，淘汰的企业主将过剩的资金投向房地产开发，进一步加速了房价的上涨；另一方面，房地产的蓬勃发展也带动了与之相关的产业发展，但是却相对挤压了其他产业的资源获取空间，导致资源的错配和人群之间的财富分配失衡问题，影响了其他行业人们的收入，降低了对房地产的需求。

（三）警惕过度杠杆化引致的风险

房地产行业是个资金密集型行业，房地产的开发需要大量的资金投入，这就使得金融在房地产的行业发展中扮演着重要的角色。

回顾美国、日本、东南亚等的房地产危机，他们的一个共同特点是房地产金融过度杠杆化。以美国为例，爆发次贷危机的一个主要原因便是向信用评级较低和收入不高的借款人提供信贷支持，甚至发放大量低首付甚至零首付的个人住房贷款，这实际上是提供了非常大的金融杠杆，借款人甚至不用自有资金就可以借助银行信贷资金来买房子。然而这还只是次贷的第一层杠杆；在此之后，金融机构将次级按揭贷款进行了证券化，并且基于次贷这个基础资产又开发出了很多虚拟的衍生资产，以至于次贷衍生品的规模达到了次贷本身规模的几十倍，因此风险也随之被放大了几十倍，一旦泡沫破灭，所造成的影响也是次贷本身规模的几十倍资产缩水。

对于中国房地产而言，过度杠杆的风险可能来源于以下几个方面：一是在房地产市场萧条期，政府部门往往在政策上引导、鼓励商业银行降低个人购房的首付比例，并给予首套房贷利息补贴或直接要求商业银行实行优惠利率政策，不仅直接放大了杠杆率，还间接刺激了不具备借贷能力的人的负债欲望。二是在房地产市场上行期，房地产价格处于上涨趋势中，有些商业银行主动降低首付比例，甚至还会推出所谓的基于房地产价格上涨的"加按揭"业务，实际上是对个人贷款投资购房行为的变相鼓励。虽然政府部门房地产调控政策明确要求个人购房首付比例不低于三成，但是在房价加速上涨的背景下，仍然难以抵挡银行的变通和一些投机者贷款购房的热情。三是对房地产开发项目自有资本金比例要求过低。在中国房地产市场起步的一段时间内，多数房地产开发商都是采用抵押土地贷款等"空手套白狼"的方式利用银行的信贷资金进行开发，然后通过卖期房的方式直接获得售楼收入，由此形成巨大的金融杠杆。尽管后来监管部门对房地产开发项目自有资本金比例和房屋销售提出了强制性规范，但是房地产企业往往有各种各样的手段来规避这些要求，例如通过关联企业借款来充当自有资本金等，实际上仍然维持了很高的金融杠杆。

三、房地产行业发展既要"正本清源"又要"清热解毒"

随着房地产行业风险的凸显，如何治理当前房地产的风险，房地产行业在未来经济发展中的地位是否会急剧下降，这些都成为当前大家热议的问题。我认为，行业的特性决定了房地产始终是一个国家重要的战略产业，但是要担当好这个重要角色，中国房地产业必须"正本清源""清热解毒"、理性发展。

（一）"清热解毒"是中国房地产市场回归理性发展的当务之急

当前房地产市场既存在局部虚热（个别地区供过于求），也存在个案病毒感染（利用房地产进行投机与欺诈），甚至还出现吸毒上瘾（土地财政与开发商的高负债运营）的问题。如果解决不好这些问题，中国房地产就无法成为跨越中等收入陷阱的助推力，也无法担当未来战略产业的角色。因此，当前必须对中国房地产"清热解毒"，促使房地产尽快回到理性发展、良性发展的轨道上。

所谓"清热"主要是从解决土地财政等角度消除房地产非理性发展的内在动因；而"解毒"主要是防范过度杠杆化形成"毒瘾"。中国房地产的诸多问题实质上是地方财权与事权不协调造成的，治理房地产行业的风险必须先推进财税体制改革，促进地方政府财权和事权的匹配，降低其对土地出让金的过度依赖，纠正政府的行为和政策扭曲，从体制上解决中国地方政府的"土地财政"问题，使地方政府通过正常的财政体系就能够解决其财政收入问题，为中国房地产市场的健康发展提供基础保障。

一是合理界定中央与地方的财权、事权和支出责任。1994 年的分税制改革，结束了之前财政体制摇摆不定的局面，有效解决了中央财政虚空的问题。但是也遗留了地方政府财权与事权不匹配的问题。由此而带来的地方政府不得不自行增加收入来源，催生了乱收费、土地出让金持续上涨等问题。财税体制改革需要重新合理界定中央和地方的财权、事权和支出责任，实现财政收入和支出责任相匹配，并逐步通过法律形式予以明确，尤其要增加地方政府的稳定的、可持续的资源性、财产性收入来源，逐步改变地方政府过度依赖土地出让金的财政收入现状。

二是加快房地产税的立法和改革。除了简单地调整中央和地方的"蛋糕切分"比例之外，更为重要的是做大"蛋糕"、保证税收来源的持续性，纠正地方政府行为偏差。这其中最为重要的是加快房地产税的立法和改革。开征房地产税将为地方政府在城市、环境等方面的支出找到一个稳定的收入来源，有助于引导和完善地方政府的行为，保障房地产政策的公正性，使其更加关注公共服务和基础设施改善。房产税的征收可以起到健全地方税收体系、调整地方财政收入结构、调节收入分配差距和遏制投资性购房四重效果。

三是促进城乡之间、区域之间均衡发展。长期以来，经济发展重心和资源分配向大城市倾斜，导致住房需求过度集中在大城市，并导致中小城市发展动力不足。如果不能实现大中小城市协调发展，就很难解决"北上广深"等大城市的房价高企问题。未来需要大力发展城市群内的中小城市和具有产业优势其他中小城市，促进城乡之间、区域之间的协调发展。

四是避免房地产金融的过度杠杆化。在购房者方面，首付比率越低，则资金杠杆越高，越容易发生放大投机风险，因此提高首付率有助于通过资金限制抑制过度的需求涌进市场，从而平抑房价。对于房地产开发企业，要提高自有资本金比例要求，降低开发杠杆率，减少信贷资金的杠杆作用，防范房地产过度开发。在金融创新方面，要吸取美国"次贷危机"前房地产金融染上证券化、抵押担保债券（CDO）等"毒瘾"的教训，审慎发展房地产金融的创新产品，尤其要避免设计高杠杆的金融产品，要坚持服务实体经济的要求。

五是要完善房地产金融体系，明确政策性房地产融资、准政策性房地产融资、商业性房地产融资之间的分工与合作，使各种房地产政策有金融体系相配套。具体来说，对政策性房地产融资，尤其是保障房建设的融资，应主要突出财政的支点作用，用财政担保的办法，寻求金融的支持；准政策性融资，只要是资助中端住房建设，应主要突出公积金体系的支点作用，要改变目前公积金完全个人所有的性质，突出其公共性和互助性，维护其商业性，使之与财政资金形成区别；商业性房地产金融则完全由商业银行自主决定，按商业原则开展业务。

六是银行、信托等金融机构要加大对房地产开发商的资本金、现金流和财务等状况的监控，关注房地产开发商的资金链断裂给金融带来的风险。加强对表外理财、信托等"影子银行"金融活动的监管，促使其规范化和透明化，有效化解存量资金风险。鼓励银行和其他金融机构发行或然可转换债券，并通过创新资本金补充方式，提高银行和其他金融中介的资本金，消除对金融体系稳定的许多威胁。

这些监管措施将使得未来即使房地产等领域或环节发生大规模的坏账损失，也不会造成连锁式违约，动摇整个金融体系。反过来，金融体系的稳定，将为房地产业的风险化解及可持续发展提供安全保障和强力支持！

(二) 建立长效机制，确保房地产居住的核心功能

房地产的基本功能是居住，由于土地资源的稀缺属性，居住功能进一步衍生出了房地产的投资属性。然而，作为一种商品，如果居住的主要功能被投资的衍生功能所超越，就意味着价格会被脱离居住基础的投资需求不断抬高，必然出现价格严重偏离价值，导致资产泡沫。泡沫的形成实际上是价格机制错乱的过程，这不仅使房地产行业集聚了风险，而且也影响了各类资源的配置效率，导致过多的资源配置到了房地产行业，挤压了其他行业的发展空间，而一旦泡沫破灭，这些资源可能随之化为乌有。因此，要控制房地产风险，必须建立长效机制，确保房地产的居住功能始终处于核心地位，而投资功能仅作为一定的补充。长远来看，中国需要建立和不断完善市场配置和政府保障相结合的住房制度，推动形成总量平衡、结构合理、房价与消费能力相适应的住房供需格局，有效保障城镇常住人口的合理住房需求。政府托底保障中低层次需求，发挥市场重要作用满足多元化需求。具体而言，中国应当建立健全四项

保障机制：一是加强住房保障体系建设的立法，强化居住的核心功能，保障中低收入群体的居住需求，有效抑制住房的市场投资、投机需求。在保障中低收入群体居住需求的基础上，有效地分流市场需求，降低了人们对住房价格持续上涨的预期，抑制了对住房的过度投资和投机的需求。二是深入推进土地供应和住房市场化改革，让市场真正发挥价格调节和竞争提效的作用。首先要推动土地供应的市场化改革。当前的土地供给取决于地方政府，土地供给的不确定性预期使得开发商尽可能多拿地，因此供给的有限性及开发商的"囤地"行为不断推升地价和房价。要改变这一行为模式，首先，必须加快推动土地的产权制度改革，允许农村宅基地进行抵押、担保、转让，使之具有商品属性和交换价值，增加土地供给主体，形成真正的土地市场。其次，深化住房市场化改革。当前部分住房并没有市场化，一些政府机关仍然存在以保障房的名义推出名目繁多的住房实物分配政策，并从土地供应、融资安排、项目上市等各方面进行优先支持。这不仅阻碍了房地产市场改革的深化，而且制造了新的社会不公与寻租空间，因此应当逐步取消各种形式的实物分配政策。同时，要逐步将一刀切的"限购、限贷"行政政策转变为更具针对性的分类治理的经济调控政策。三是房地产行业调控政策要根据区域异质性特点进行差异化调整。房地产调控政策需要体现差异化，未来房地产政策调控方向应当突出"宏观稳、微观活"。在推进新型城镇化、建立长效机制的同时，坚持"分类施策、分城施策"的调控导向。一线城市和热点二线城市应当从严控制城市规模和抑制投资需求两方面入手控制房地产风险。例如，2013 年北京、上海商品房分别销售了大约 19 万套和 23 万套，而当年两市分别新增人口 46 万和 35 万人，随着大量人口进入，住房需求仍将长期存在。而多数二线、三线城市需要重点进行供给结构和需求结构的双重结构调整。在供给结构方面，重点支持 140 平米以下的中低价位普通商品房销售，抑制高档、大户型楼盘的投资和开发；在需求结构方面，重点满足中低收入者的自主性购房需求，抑制炒房者的投机需求。对大多数三四线城市，供应相对充足，重点是去库存化。四是加强住房情况的统计信息披露，避免投资者因信息不对称而走向过度投资。众多的理论研究和国外的实践表明，增加市场上住房供求情况的披露和房产交易的透明度有利于房地产市场的健康发展，因为住房供求信息的披露越多，交易者就越容易将这些信息纳入自己的参考范围，从而制订合理的购买和投资计划，减少因信息不足造成的盲目跟风，减少了噪音交易者的数量和比例，使房价回归基本面主导模式。美国、加拿大和欧洲各国通过定期编制房地产市场价格指数发布市场信息的做法值得我们学习。我国需要加快推动住房信息联网和不动产信息登记制度落地，定期发布各区域房屋出售情况、住房租金价格指数信息，提高信息透明度，为购买者和投资者决策提供充足的信息保障，避免盲目跟风、追涨杀跌，稳定房地产价格。

(三) 按需求构筑多层次住房保障体系

住房保障是人权保障，要"居者有其屋"，但"有"的含义并非特指物权上的拥有，而是多种形式的"居住"，而且居住的标准和条件也存在差异。通过对不同国家各类人群的收入和居住消费分析，不难发现各类人群住房需求必然也是分层的：最低层次，由于收入低且不稳定，该类人群的主要诉求是满足温饱和基本生活，对住房的基本需求是有地方住，能遮风避雨，以及起码的卫生条件。第二层次，有一定收入，但收入不高、积蓄不多，没有能力购买房屋，此类人群的住房需求是面积不大、基本功能齐全、质量可靠，并具备一定的卫生条件。第三层次，工作稳定，存有积蓄，未来收入稳定，有能力改善居住条件并可经过较长时间积累拥有房屋产权，但购房需要获得信用增级和融资支持，此类人群的住房需求是面积适中、功能齐全、质量较高以及较好的卫生与生活环境。第四层次，收入高，经济能力强，信用好，有能力充分改善住房条件，对住房要求高，不仅满足于居住，还要将房屋作为投资对象确保个人财产的保值和增值，此类人群对住房需求是面积较大、品质高端、环境优良。许多国家还存在特殊群体，尽管这些群体收入不高，但国家会给予特殊支持帮助其解决住房需求，如公务员、军官等。由于各类人群的住房需求不同，在住房保障制度安排上不能简单运用一种政策、一种方式统一解决。

随着经济发展和城镇化进程加快，城镇人口快速增加，普通百姓尤其是中低收入群体的保障性住房需求压力越来越大，中高等收入群体改善性住房需求将越来越强烈。面对日益复杂和强烈的住房需求，各级政府一直都在研究借鉴国际经验，努力探索构建一个有效的住房保障体系。尽管各级政府十分努力，各种政策措施也收到了一定的成效，但总是试图通过构建一个可以全面推广的模式，解决全国各层次的住房需求，在实践上一直饱受诟病。为了进一步健全、完善我国住房保障制度，我们还需要新思维、新角度和新模式。基本思路是：在住房供应和住房消费两端分层次构建我国住房保障体系：一方面着力构建"基本需求有保障、首套购房有支持、商品住房有市场"的住房保障供应体系；另一方面建立健全中低收入群体租房补贴财政政策和中高收入住房信贷政策制度体系，从而形成市场供给与政府保障相结合，以市场供给为主的住房保障供应体系，以及政府信用增级、税收灵活调节的市场引导体系，建立符合国情的住房消费模式，逐步构建总量基本平衡、结构基本合理、住房消费和居民收入基本适应的住房供需格局，全面实现"住有所居"的目标。

在政策制度安排上，借鉴国外依法促进住房保障体系建设的经验和做法，尽快制定、完善住房保障法律法规，健全住房保障制度，充分体现效率原则、公平原则、普惠原则、稳定原则。一是建立住房保障相关法律。加快住房保障立法进程，从法律层面明确国民享有"住有所居"的权利，政府有承担住房保障的义务，明确住房保障覆盖群体范围；确定各级政府在住房保障中的职责，以一定形式固化中央和地方政府在住房保障方面的财政支出；明确在住房保障方面的公平、透明的运行机制等。二是完善财税制度。包括建立中央、省级政府对保障房建设的专项转移支付机制；制定保障房建设、运管环节税收优惠政策；对中低收入群体租房、购房给予分层租金补贴或按揭贷款利息支出补贴；对金融企业向住房保障项目投入信贷资金给予税收优惠。三是创新金融制度。包括建立保障房建设投融资平台，由国家统一调度、筹措资金；创造住房保障金融的市场运行条件，继续吸引社会资金进入住房保障领域，创新商业运行模式，使金融市场可持续发展；创新个人按揭贷款的产品及担保，对于中低收入群体建立可操作的政府补充担保机制；拓展住房储蓄制度，建立政府引导的住房储蓄制度，实行自愿加入，政府分层补助，低存低贷，先存后贷，互助解决住房需求。四是完善公积金制度。包括明确公积金产权制度，重塑收益分配机制；严格规范公积金中心是"受托管理人"、受托银行是"账户管理人"的职能定位，建立参与主体间的制衡机制；强化监督管理，尤其加强金融监管，改变近几年管理缺失、混乱的情况；对住房公积金制度进行创新，如探索将按揭职能全部交由商业银行，公积金运营机构集中精力通过增加投资收益为公积金缴存人带来更高回报等。五是坚持土地优惠政策。主要指在土地供给量、土地使用费或出让价格方面继续给予优惠，包括采取土地无偿划拨等方式。

在操作层面上，借鉴国外住房保障制度经验，从政府补贴方式、资金来源、房源筹集、财税配套、金融支持、住房管理等几个层面，针对不同人群，提出配套政策安排，通过统筹规划、科学运用、精细管理，达到扩大保障覆盖范围，提升住房保障效率。

——绝对低收入人群的住房保障。应基本依靠政府履行公共服务职能、提供公共产品即租赁型保障住房（2013年国家规定廉租房并入公租房管理，以下统称公租房），解决低收入人群住房需求。这部分低收入群体主要是指家庭特别困难，需政府救济的人群，包括伤残人士等。具体设想是：（1）政府补贴方式以实物配租和租金补贴相结合的方式。一方面，政府直接投入资金筹措公租房，供低收入人群居住并收取租金；土地供给采取行政划拨方式供公租房建设无偿使用。另一方面，按照各地城镇居民可支配收入水平在低收入人群中分层，对少数最低收入群体进行全额租赁补贴，对其他低收入群体进行部分补贴，随着租赁者收入变化调整租赁补贴标准，可采用租金支付和租金补贴收支两条线或者直接减免租金的方式。(2) 资金来源主要是以中央政府为主，地方财政为辅，拨款专项用于租赁型保障房建设。通过立法约束各级政府财政支出行为，改变在住房保障领域投入的随意和无序，确保对低收入群体住房保障资金投入。(3) 房屋归属。此类公租房资金主要由政府提供，产权归政府所有。(4) 房源筹集。公租房房源通过政府新建、改建、收购、在市场上长期租赁住房等方式多渠道筹集。(5) 财税配套。凡是为低收入群体提供公租房的开发建设、收购、租赁等行为全部免收相关税费，免征城市基础设施配套费等各种行政事业性收费和政府性基金。如果个别中低收入者需要缴纳个人所得税，对其租金支出予以抵扣。(6) 居住条件。本着保障基本居住标准，扩大保障覆盖群体原则，对低收入群体提供的公租房居住条件相对较低，仅能满足基本居住需求。结合我国经济水平，考虑进城务工人员的住房保障需求压力，可以借鉴日本面向特困阶层提供第二种公营住宅的经验，在保证房屋质量的前提下，控制房屋面积、简化结构、降低装修材料标准，从而降低租金价格，扩大保障覆盖面。(7) 住房管理。一是对低收入困难群体提供的公租房是不得转租、不得出售的，属于永久租赁的保障房；二是制定公租房分配、准入、退出、维护、管理和监督等制度，尤其要细化准入和退出标准、实施方式，如对入住后收入水平超过上限标准的承租人，强制 5 年之内必须搬出；三是政府成立专门机构或委托下属事业单位对公租房进行长期管理和维护，负责执行公租房政策，对承租人进行准入、监督和退出，对房屋进行维护和管理等。

　　——中低收入人群的住房保障。中低收入人群是指收入较低，买不起住房且无法支付市场住房租金的群体。基本思路是主要依靠政府财政支持，鼓励民间资本进入，共同解决此类人群住房需求。具体设想是：政府投入资金并引入社会资金建设公租房供中低收入者居住，收取租金，土地供给采取行政划拨方式供公租房无偿使用，或者与当地市场住房租金平均价格衔接，此类人群直接租住市场提供房屋的，政府按照该类人群收入分类给予租金补贴；在政府投入方面，以地方财政投入为主，中央财政补助为辅，对于采用提供公租房保障方式的，可以引入社会资金投入建设，政府通过参与投资、资本金注入、投资补助、贷款贴息等方式，支持公租房建设和运营的投入；该类公租房实行"谁投资、谁所有"，投资者权益可依法转让；公租房房源通过新建、改建、收购、在市场上长期租赁住房等方式多渠道筹集；如果采用租金补贴方式，保障人群可以自主到市场租赁住房；除适用低收入群体的税收优惠外，还可以采取以下税收优惠政策：鼓励社会资金进入公租房市场，对保障性住房开发商贷款政府予以贴息，金融企业为公租房提供信贷资金支持，按信贷支持资金的一定比例给予税收优惠。

此类公租房的房屋面积、结构、材料等略好于为低收入群体提供的公租房，租金价格也高于为低收入群体的公租房。在住房管理方面，与低收入群体公租房管理相比有以下两点不同：一是对中低收入群体提供的公租房不得转租，但租赁人可以购买。借鉴韩国建设可出售公租房经验，当租赁期限达到一定期限，保障群体依靠住房储蓄和政府金融支持购买公租房产权。二是严格退出机制，如对入住后收入水平超过上限标准的承租人，强制3年之内必须搬出或购买。

——中等收入群体的住房保障。中等收入人群是指收入稳定，有能力购买住房但融资能力不足的群体。基本的解决思路是由地方政府城市建设开发中提供一定数额的经济适用房或自住商品房，供中等收入者选购，购房者依靠群体间互助、商业性金融支持、政府信用增级等途径完成自住房购买；政府补贴方式以间接补贴为主，包括对经济适用住房、自住型商品房建设通过行政划拨供给土地、减免土地出让金等；资金来源主体是以社会资金为主，财政资金为辅，采取财政补助、银行贷款、债券融资、群众自筹、市场开发等办法多渠道筹集资金；中等收入者购买经济适用房、自住型商品房的支出按收入水平分层抵扣个人所得税，借助公积金个人住房贷款、住房储蓄贷款、商业性个人住房贷款的，政府可以提供信用增级服务，贷款利息支出按收入分层予以抵扣个人所得税；通过强制互助和自愿互助结合方式，即以住房公积金制度和住房储蓄制度并重的方式，提升融资能力。这类人群是住房公积金制度覆盖的主要人群，对于住房公积金制度尚不能覆盖的，鼓励该类群体购买商业的住房储蓄，由政府适当予以补助。目前，中德住房储蓄银行是中国与德国的商业银行出资共同建立的住房储蓄银行，国家可通过此银行试点逐步推广壮大住房储蓄制度，解决未进入住房公积金制度群体在住房领域的互帮互助。

从居住条件上来看，房屋面积、结构、材料明显好于公租房，但与标准商品住房相比还存在差距，相应房价低于商品房价格。各级政府应明确购买此类住房条件、税收优惠政策，及按揭贷款的税收优惠或贴息政策；允许上市交易，但政府必须对交易市场、交易行为、交易对象进行管理，如交易对象必须符合经济适用房购买条件；对使用住房公积金资金建设的经济适用房项目，符合经济适用房购房条件的公积金缴存人优先购买。

——对于不仅有能力购买自住房、还有能力进行非自住房投资的高收入群体，其住房与投资需求应通过市场满足，即高收入人群通过商业按揭贷款进行自住房融资；对于非自住的投资性房地产需求，政府通过税收政策予以调节。其实，很多国家都灵活运用税收政策对于有能力购房者进行差异化调节，如对个人购买唯一家庭首套住房的，给予契税适当减免的优惠政策，对购买高档住房和第三套以上住房的，可征收高额契税等。

第六章

警惕货币政策"钝化"落入流动性陷阱

"量化宽松"一词普遍为大众所知，是在 2008 年全球金融危机之后，美联储出台一系列货币政策以应对常规货币政策失灵，它是经济出现"流动性陷阱"时的一种解决方式。在关注中国可能采取量化宽松政策之前，我们有必要对"流动性陷阱"有一个清楚的认识。

一、流动性陷阱并不难理解，中国曾经不一样

通常说，流动性陷阱亦即社会资本陷阱、货币陷阱、通货陷阱、金钱陷阱。按照货币—经济增长原理，货币供应量影响利率水平，继而影响宏观经济。当货币供应量增加时（假定货币需求不变），资金的价格即利率下降，从而刺激出口、投资和消费，带动整个经济的增长。但如果投资者对经济前景预期不佳，消费者对未来持悲观态度，此时中央银行再靠增加货币供应量降低利率时，人

们也不会增加投资和消费，相反会选择持有货币。也就是说，当国民总支出水平已不再受利率下调的影响时，无论怎样增加货币供应也不能刺激经济增长，这种状况被经济学家称为"流动性陷阱"。

流动性陷阱在经济层面表现为宏观经济的衰退和萧条，需求不足、失业率居高、企业库存增加、私人储蓄攀升、通货紧缩，名义利率降至零或者负利率也不能启动经济复苏，出现"货币无力症"。

在金融层面，流动性陷阱表现在资金融通不畅。一方面，居民总体的消费意愿下降、储蓄上升，居民和企业出现现金窖藏，银行信贷萎缩、流动性外溢以至于对存款收费。在银行不是通过贷款，而是直接通过存款来获益的情况下，就在此时，银行的信用中介功能弱化，货币保管功能凸显，客户与银行的关系类似于租用银行保险箱，银行成了被迫吸纳资金的"流动性洼地"。另一方面，尽管利率极低，央行又大规模注入流动性，但信贷需求仍然严重萎缩。与此同时，股票市场低迷不振，资金流向收益稳定的低风险证券市场，利率曲线出现扁平化。

流动性陷阱不仅否定与证伪了货币政策万能的幻想，还说明了一点，宽松货币本来就是金融危机的根源，宽松的货币政策可以救命，但不能够解决经济结构失衡。

日本可谓二战后在流动性陷阱中挣扎时间最长的发达经济体。20 世纪 90 年代，日本经济由盛转衰，资产大幅萎缩，资产价值只有高峰值的 10% 左右。1997 年东亚金融危机后，日本经济进一步恶化，一些大型金融机构相继破产，企业投资需求萎缩，物价指数一路下滑，经济出现负增长。1998 年开始出现通货紧缩。日本当局自 2001 年开始实施量化宽松货币政策，试图通过超常规大剂量的货币供应，拉动经济走出流动性陷阱。然而，非常规货币政策最终没能让日本经济脱离陷阱，日本经济陷入长期萧条。

美国经济在 2008 年金融危机后出现通缩，美联储在常规货币政策失灵时采取超常规的货币政策——量化宽松，通过从市场上收购一定数量的金融资产，为市场注入更多流动性，达到振兴经济的目标。之所以说量化宽松是不同于常规货币政策的超常规工具，是因为其不同于央行在一般情况下通过买入短期国债降低短期市场利率的做法，而是通过购买中长期证券，给市场释放经济长期向好的积极信号，以活跃市场，达到刺激经济增长的目的。显然美国的量化宽松在一定程度上转移了危机造成的负面影响，美国经济复苏，美元在加息传言下强劲反弹。然而，美元利率依然低迷，通缩压力尚未全部化解。

针对通缩，欧洲央行开始的应对策略是采取传统的扩张货币政策——大幅度降低利率，欧洲央行于 2014 年 6 月将商业银行在欧洲央行的存放利率降低到 -0.1%，在刺激效果不明显的情况下，2015 年 1 月 22 日，欧洲央行效仿美联储开启量化宽松计划，从商业银行和私人银行机构收购证券，并宣布将证券规模扩大到 1.1 万亿欧元，从 3 月 9 日起开始每月购买 600 亿欧元的证券，一直到 2016 年 9 月底。欧洲央行的量化宽松政策导致资金外流和欧元的大幅度的贬值。受欧元区通缩的影响，瑞士以及北欧国家出现罕见的降息大赛。独立于欧元区外的英国也难逃厄运，英国消费者物价指数 2015 年 2 月份首次降到零，进入通缩期，英国政府为了摆脱日本式的通缩陷阱，也在考虑执行负利率。

很显然，日本、美国和欧洲央行都采取了相似的量化宽松措施，降息也无法从根本解决经济发展中深层次的问题，负利率一旦形成，会进一步自我强化，经济体往往会在流动性陷阱中越陷越深。

尽管低利率和高流动性并存，但落入"陷阱"中的人群行为方式和预期方式或许会发生重大改变，致使货币传导渠道出现"三大梗阻"。

一是货币市场的传导梗阻。尽管央行能控制基础货币的水龙头，但却不能强制银行放贷，银行只能将超额的流动性以储备形式继续持有。二是从金融领域向实体经济的传导梗阻。尽管央行能控制短期名义利率，甚至影响各种利率和相对资产价格，但却无法强制企业和私人部门借款，货币刺激难以转化成私人投资和消费需求的增长。三是外部干扰的传导梗阻。在开放经济条件下，货币政策对本国经济的影响，又受到资本流动的干扰，从而降低了扩张性货币政策的效果。更为可怕的是，如果增加货币供给而且是不断增加货币供给的刺激性货币政策，只是产生流动性过剩与无处不在的过剩经济现实，或许使流动性陷阱扩大化为过剩经济陷阱。

具体到中国，虽然经过30多年的改革开放，但迄今的政策环境、金融机制与经典的流动性陷阱假设不大相同，货币政策的操作环境和货币政策实施途径有着很深的历史特殊性。一方面，利率市场化改革一直尚未完成，金融市场上的利率由中央银行统一制定。因此，利率有很强的外生性，不能正常反映社会资金供求关系的变化，这和流动性陷阱的理论假设有很强的不一致性。另一方面，中国最为独特之处是地方政府在经济增长中扮演重要角色，其投资行为与投资需求可以有效对冲流动性陷阱的形成风险。各级地方政府在地方经济发展方面发挥着特殊重要的作用，是区域经济资源的最大"所有者"、分配者，也是区域市场秩序的建立者和维护者，对货币政策的传导具有不可忽视的影响。具体来说，地方政府在投资过程中，并不像西方经济学在流动性陷阱中所描述的，投资决策取决于利率和资本边际效率的比较，他们更关心当地经济增长的总体利益。因此，在经济萧条时期，由于货币当局实施了扩张性货币政策并放宽信贷条件，地方政府具有更强烈的投资冲动，投资于公共设施或基础设施，从而带动一系列投资需求和消费需求。

二、货币政策"钝化"日益明显，政策预期与政策效果逐渐背离

然而，不得不警惕的是，近年来人民银行的货币政策已经出现"钝化"迹象，货币供应流向实体经济的传导机制出现严重梗阻现象，"药力下降"、"药效期"越来越短，微观经济主体甚至无视强烈的宏观政策信号，不仅是民间资本，甚至相当一部分国有控股企业也是如此。不管怎样，非国有的民间资本已经是我们市场经济的主体，居民消费已经成为经济增长的最重要力量，货币政策"钝化"是否会演变成流动性陷阱，值得引起高度重视，并进行前瞻性研究，早作预案。

"钝化"本是化学领域经常使用的概念，意指使金属表面转化为不易被氧化的状态。引申到经济领域，是指对外界事物不敏感、不灵敏，对作用对象功能弱化，甚至被阻隔难以起作用的一种状况。

近年来，面对经济持续下行及当前下行压力依旧较大趋势，我国货币政策在稳健中不断趋松，央行综合运用公开市场操作、创新性货币政策工具（SLO、SLF、MLF、PSL）以及全面或定向降准降息等多种手段，调节资金面，以支持促进投资，支撑经济增长。

无论是从货币供应量 M_2 与 GDP 的比值快速上攀已至世界前列，还是从 M_2 增速与 GDP 增速和物价水平之和的差额来看，我国货币供应增长都算较快，货币供应量较大。如果再考虑到作为现实货币支付的替代品，票据总额居高不下，在一定程度上构成超额货币供应，如 2011 年，我国企业累计签发商业汇票 15.1 万亿元，商业汇票未到期金额 6.7 万亿元，金融机构累计贴现票据 25 万亿元，2014 年分别增长至 22.1 万亿、9.9 万亿、60.7 万亿元，2015年第一季度分别为 5.4 万亿、10.2 万亿、19.2 万亿元，经济发展中的流动性就更加充裕。而自 2012 年以来，我国进入降息通道，仅2014 年下半年以来至 2015 年上半年，央行就进行了 4 次降息，降息力度、频度较大，基准利率已降至历史底位。

从逻辑上考量，货币供应充裕，基准利率大幅下调，将促进投资和经济增长。但从实际情况来看，我国货币政策已出现较为明显"钝化"迹象，对经济作用"药力下降"，"药效期"也越来越短。

其一，微观经济主体投资意愿并没有随着政策刺激上升，相反投资需求还出现不断减弱状况。不仅国有及国有控股企业投资增长下滑，就连对宏观政策信号一向非常敏感的民间投资增长也出现大幅下降。从 2012 年至 2015 年上半年末，固定资产投资增速下降 9.2个百分点，占总投资比重 60% 以上的民间固定资产投资增速下降13.4 个百分点。投资需求对政策刺激的反应趋弱，"药效期"明显收短。投资收缩成为我国经济增速持续放缓的根本原因。由于企业扩大再生产意愿不强，投资弱化，也导致与实体经济活动关系相对更为密切的 M_1 增长缓慢。

其二，货币供应较快增长，通货水平较低甚至出现收缩。货币供应增长速度远超同期经济增速，而通货水平虽尚不能说是"通货紧缩"，但呈现明显收缩迹象。CPI 同比虽然自 2015 年 5 月份以来在食品特别是猪肉价格带动下呈现上行之势，但仍处于 2% 以下较低水平，除掉翘尾和季节性因素，涨幅更低。PPI 同比自 2012 年 3 月份以来连续 41 个月负增长，近期跌幅还呈扩大之势，将会进一步影响总体价格水平走势，在我国经济发展中还从未有过。

其三，货币政策对 GDP 增长的边际效应显著下降。具体表现为 GDP/M_2 比值由 2007 年、2008 年的 66.4%、66.7% 下降到 2013 年、2014 年的 53.1%、51.8%。货币供给量 M_2 与 GDP 增速之间的相关关系出现弱化，经济对于货币政策的刺激作用越来越不敏感。

其四，大量资金在金融体系内部循环，金融对接实体经济仍有待到位。与微观经济主体处于观望，资金需求板结，货币难以渗透其中相比，大量资金在金融体系内循环。如近期以来，金融机构同业存款快速增长，2014 年，非存款类金融机构存款余额同比增长 59.4%，上市银行存放同业和其他金融机构款项 2.83 万亿元，比 2013 年增加 1 823 亿元。2015 年 6 月末，相比于 11.8% 的 M_2 增速，M_1 增速仅为 4.3%，处于历史低位，反映出非金融企业流动性相对不足。而 2015 年上半年准货币（M_2–M_1，包括单位定期存款、储蓄存款和非存款类金融机构存款）比年初新增 9.7 万亿元，其中，非存款类金融机构存款比年初新增 4.2 万亿元，余额超过 10 万亿元，同比增长 40% 以上，在准货币新增中占比 43%；单位定期存款、储蓄存款新增仅分别为 2.5 万亿元和 3.1 万亿元。这些现象反映出新增资金相当一部分流向非银行业金融部门。

其五，宽松货币政策背景下，短端利率降幅难以有效传导至长端，利率联动性趋弱。央行多次降息降准，货币市场利率明显回落，银行间市场利率已降至近 6 年来低点。6 月末隔夜、3 个月、1 年期 SHIBOR 较年初分别下降 2.27、1.9 和 1.34 个百分点。中长期国债收益率降幅较小。6 月末，银行间市场 1 年期、3 年期、5 年期、7 年期、10 年期的国债收益率较年初分别下降 1.52、0.47、0.3、0.07 和 0.02 个百分点。这反映出宽松货币政策对长期利率水平的调节效力比较有限，而在利率期限结构中对实体经济作用最大的正是长期利率水平。

三、预算约束正在转向信用软约束，银行对企业怀疑加深

货币政策"钝化"与我国预算约束环境发生改变有着根本上的关系。从我国改革开放以来经济发展历程中考察，预算约束环境分为明显两个阶段。

改革开放至 21 世纪全球金融危机之前，由于经济生活存在普遍的预算软约束，货币政策没有也不会出现"钝化"现象。此时，一方面中国的劳动力、土地和自然资源都比较丰富，而社会基础设施薄弱，资本市场不发达，资本匮乏，短缺经济特征显著，市场需求缺口大，产能扩张需求迫切，资金约束成为产能扩张的主要瓶颈；另一方面计划经济和由计划经济向市场经济转轨的资源配置方

式，预算约束环境极其软化，甚至存在相当程度的无节制预算软约束现象。综合因素使得市场对货币信贷需求极为敏感，但对利率变动基本上不敏感，无论是什么样性质、什么样效益的企业，把资金引进放在第一位，这从对外资引进的各种优惠政策可见一斑，而生产产能也被市场完全吸纳。在这种状况下，货币转化为资本通道畅通，央行通过调节货币供应量，对实体经济产生显著作用。如1988—1990年我国经济急剧波动大起大落、1997年亚洲金融危机对我国经济产生不利冲击，央行通过"急刹车、控油门""松手刹、踩油门"等货币信贷调控手段，很好地引导了经济运行，货币政策效果即时而显著。

进入21世纪以后，随着市场经济体制的不断健全完善，现代企业制度的建立，不仅民营企业，国有企业、地方政府、商业银行等主体的预算约束也在不断趋于强化。国有企业不再一味追求资金获取，而是更加注重效益导向，投资决策之前越来越谨慎权衡资金成本与预期资本回报率，而不是过去的资金可获得性。在经济持续下行的环境下，即便货币环境宽松，但如果企业对业务前景预期悲观，也不会借贷投资，转而缩产能、去杠杆。因此，货币供应量对投资驱动的效应不断降低，就不难理解了。

另一个被忽视的现象是，2008年的全球金融危机之后，在中国出现了一股"跑路潮"，使得中国经济生活中的预算软约束突然让位于信用软约束。而此时银行业随着改制上市完成，治理结构明显改善，贷款风险定价的意愿与能力显著增强。当遭遇部分投资人"跑路"并不断蔓延时，银行即便资金充裕也很可能"惜贷"，转而将资金大量配置到市场交易领域甚至同业往来。安邦咨询的一项研究表明，中国投资级公司债的收益率比基准 10 年期美国国债收益率高出 1.92 个百分点，而韩国投资级公司债的收益率仅高出 1.05 个百分点。瑞银（UBS）分析报告显示，印度高评级公司债收益率比美国国债收益率高 1.86 个百分点，马来西亚公司债的收益率则高出 1.37 个百分点。中国公司债的收益率之所以高于亚洲其他国家公司债，一个原因是外界认为中国企业的风险更大。预算约束环境的改变以及信用软约束的出现，使得经济主体对市场利率即资金价格的变动越来越敏感。在这种环境下，如果仍然主要着眼于增加货币供应来推动商业银行放贷能力，而不是从引导市场利率入手，货币政策对经济作用出现"钝化"难以避免。

此外，随着我国经济货币化程度的加深，货币供应不但需要支持实体经济发展需求，还要满足大量金融交易需求。改革开放初期，国民经济结构相对简单，金融资产匮乏、金融市场单一甚至缺失，货币供给量主要满足实体经济交易需求。随着改革开放的深入推进，特别是进入 21 世纪以来，我国股票市场、债券市场规模迅速扩张，房地产市场规模体量庞大，货币供给量除了满足实体经济需求，还要支持多层次金融市场发展以及大类金融资产估值演变。实体经济与虚拟经济之间的联系变得日趋复杂，社会资金在实体经济与大类金融资产间轮动。这些经济发展变化都增加了货币与实体经济之间的复杂性和货币政策调控的难度。通过市场利率引导，调节实体经济资金面，更为迫切必要。

四、实际利率水平与基准利率的差距较大，货币转化为资本通道梗阻

在预算约束环境已发生根本改变状况下，货币是资本形成的必要条件，并不是充要条件。货币是否转化为资本，不单取决于货币数量的多少，更取决于企业、银行等各类投资者的预期回报。从我国现实情况来看，随着经济发展转型升级，潜在投资需求巨大，尤其是一千多万中小企业，投融资需求并没有得到满足。提高投资者预期回报率是释放潜在投资需求、实现货币转化为资本的关键。

投资者预期回报，取决于两个方面重要因素，一是市场供求状况，订单的多少；一是投资成本的高低，主要是外源融资成本的大小。当前这两方面的因素，尤其是外源融资成本居高不下，抑制了投资意愿和投资需求，梗阻了货币转化为资本的通道，导致部分流动性在金融体系内循环，没有进入实体经济。

一方面，企业订单减少、产能过剩制约了投资增长，削弱货币转化为资本。当前我国产能利用率处于较低水平，而且产能过剩范围已从钢铁、水泥、电解铝、平板玻璃、造船等传统产业，扩展到新能源、新材料、光电信息等战略性新兴产业。如我国新能源汽车2015年产销将达100万辆，但产能超过500万辆，远超产销水平。而从引导投资的重要指标，订单增长情况来看，2015年以来，新订单指数呈现下行走势，7月份降到49.9%的荣枯线以下水平，新出口订单指数降至47.9%，在手订单指数从2012年3月份以来一

直在50%以下，近期降至45%以下。供过于求、订单减少无疑制约了投资增长，制约货币转化为资本。

另一方面，以间接融资为主导的融资格局，基准利率大幅下调，并没有引起市场利率相应下降，社会融资成本居高不下，企业财务负担较重，成为制约货币转化为资本的更为关键因素。尽管近年来我国直接融资发展较快，但仍以银行业金融机构等间接融资为绝对主导。银行业金融机构放贷利率不仅直接决定实体经济外源融资成本，也通过银行间拆借、回购等市场交易行为对各种市场利率走势产生重要影响。

从经济活动一般规律来看，投资与利率呈现显著的反向变动关系。为支持促进投资需求，拉动经济增长，近年来我国基准利率多次下调，降幅较大。2012年至2015年上半年，1年、1至3年、3至5年、5年以上贷款基准利率分别下降了1.71、1.4、1.65、1.65个百分点，1年期贷款基准利率由6.56%调降至4.85%，5年期以上贷款基准利率由7.05%调降至5.40%。但央行货币政策调整，并没有引起实体经济融资成本相应下降，实际利率水平与基准利率的差距很大，导致货币转化为资本通道梗阻。

2012年12月份，非金融企业及其他部门贷款加权平均利率为6.78%，2013年、2014年同期分别为7.2%、6.77%，2015年6月份为6.04%，一般贷款加权平均利率为6.46%。从2012年12月份以来，不同期限的贷款基准利率至少下调1.3个百分点以上，但非金融企业及其他部门贷款加权平均利率下降不到0.75个百分点，一般贷款加权平均利率水平下降不到0.65个百分点。如果考虑到为借贷而产生的其他费用支出，企业贷款利率水平则更高，并没有因为基准利率大幅下降而显著降低融资成本，"钱贵"、社会融资成本较高状况并没有得到明显改善。企业财务负担较重，利润快速下滑，甚至亏损加剧，削弱了企业投资意愿和投资需求。2015年上半年，工业企业利润总额同比负增长0.7%，利息支出同比增长2.5%。如若贷款利率也如基准利率一样显著下降，则将显著减少企业利息支出，提升企业盈利水平，促进企业投资积极性，从而加快货币转化为资本，畅通货币政策传导通道。

如果进一步剖析货币供应充裕、基准利率大幅下降而社会融资成本还居高难下的状况，就不难发现：近年来我国加快利率市场化进程，银行业金融机构资金成本大幅攀升，约束了贷款利率下行。目前，我国贷款利率管制已经全部放开，存款利率浮动区间扩大至基准利率的1.5倍，也已近乎市场化，银行负债成本大幅度上升，而且竞争性强、高度市场化、对存款具有较强替代的理财产品市场快速发展进一步拉高银行负债成本，银行息差空间大幅减窄，极大影响到盈利水平。如2012年商业银行净息差为2.75%，2014年缩减至2.7%，2015年第一季度进一步缩减至2.53%。与此对应的是，2013年商业银行净利润增长14.5%，2014年增长9.7%，2015年第一季度同比增长3.74%。作为自主经营、自负盈亏的微观经济主体，商业银行经营保本盈利，不出现亏损，必然使资金收益率覆盖成本，保持在一定水平。资金成本上升使金融机构贷款利率难以下降，实体经济融资成本也难以下行，投资削弱。在这种境况下，央行即使再注入更多流动性，货币也难以完全有效渗透到实体经济中，部分停留在金融体系内成为必然。而随着我国利率市场化不断深入推进，如果仍只是主要从基准利率调整着手，而不是从其他方面同时改善货币政策传导机制，货币政策效果仍将会打折扣，达不到预期目的，对经济刺激作用进一步钝化，况且当前我国基准利率下调空间已不大。

五、调降存款准备金率意在降低市场利率

从货币政策传导的角度来看，货币资金经过央行货币发行，经由商业银行流通，再到实体经济领域。在我国目前融资格局下，实体经济融资成本居高难下，制约货币转化为资本，很重要原因在于商业银行资金成本较高。进一步分析发现，商业银行资金成本较高，又与高企的存款准备金率与央行对商业银行再融资较高利率因素有一定的关系。

虽然自 2011 年下半年以来，央行多次下调存款准备金率，当前银行业金融机构存款准备金率仍处于较高水平，商业银行需要将吸收的存款其中 16% 以上缴存央行，而相应收益率自 2008 年年底以来就只有 1.62%，低于商业银行半年期以上存款利率水平，也低于央行对金融机构一般再贷款 3% 以上、再贴现 2.25% 的融资利率水平。高企的存款准备金率不仅约束了金融机构放贷能力，也约束了金融机构资金成本下降。

而从近年来我国货币供应方式发生重大变化，央行创新流动性调节工具看，2013 年以来，我国外汇占款增长出现明显放缓，基础货币由外汇占款被动式投放，转变为央行通过常备／中期借贷便利（SLF／MLF）、短期流动性调节工具（SLO）、抵押补充贷款（PSL）等货币政策创新工具配合公开市场操作主动投放，给商业

银行流动性支持的同时，较高投放利率水平也约束了商业银行资金成本下行。如 SLO 投放利率一般在 3%—4%，MLF 利率在 3.35% 及以上，PSL 利率在 2.85% 及以上，均显著高于存款准备金利率。与下调存款准备金率降低商业银行资金成本相比，按大型银行存款准备金率 18.5% 计算，商业银行为满足客户信贷需求，需要通过央行中期借贷便利填补存款准备金带来的资金缺口，资金成本约提高 32 个 bps[18.5% × （3.35% –1.62%）]，很明显制约商业银行资金成本下降。

不仅如此，SLO、SLF、MLF 等工具期限较短，无法作为商业银行中长期贷款稳定的资金来源，限制了商业银行支持实体经济能力。为避免期限过度错配，商业银行只能将这一部分资金用于同业市场。实际上，2013 年以来，金融机构 1 个月同业存款利率，不论是存入报价，还是存出报价，均高于中期借贷便利利率，在坐收利差的情况下，借贷便利多数流向了同业市场。此外，在预算约束加强下，由于借贷便利利率存续期内不会随市场利率变动而变动，遇利率下行期，如果借贷便利的利率高于银行预期的市场利率水平，银行将少借甚至不借，引致工具效果削弱。

事实上，由于 SLF、SLO、MLF 等工具调控效果不显，2014 年以来，SLF 余额多数月份为零，2015 年 2、3 月份发放后，4、5、6、7 月份余额再次为零；SLO 在 2015 年 2 月份以后就没有新投放；MLF 余额从 2015 年 5 月末的 10 545 亿元，降至 6 月末的 5 145 亿元，7 月末的 3 800 亿元；PSL 余额 2015 年 6 月末为 8 035 亿元，7 月末微增至 8 464 亿元。

基于以上分析，随着我国《存款保险条例》的实施，存款准备金隐性存款保险的功能大幅下降，改善货币转化为资本的通道，畅通货币政策传导机制，央行在调整基准利率等货币政策工具的同时，有必要也有条件改变我国当前高企的存款准备金率。特别是在我国基准利率下调空间已不大、借贷便利等政策工具降低社会融资成本作用有限情况下，货币政策调整须重点从调降存款准备金率着手。而在美国、欧盟、日本等市场经济国家，存款准备金率都处于较低水平，有的甚至为零。

在当前我国经济下行风险压力下，采取下调法定存款准备金率政策工具，有若干重要便利。主要体现在：

其一，"降准"不仅直接提升银行放贷能力，而且通过减少商业银行存储央行资金成本，切实引导市场利率水平下行，降低社会融资成本，促进社会投资。并且，"降准"也可抵消 SLF、MLF 等收缩带来的不利影响。此外研究也表明，"降准"直接影响信贷资金量，对人民币汇率等价格信号影响相对间接，可以弱化宽松政策对人民币的贬值压力。

其二，事实表明，单纯采取降低利率政策，会面临货币传导机制不畅等诸多问题，而"降准"则通过放大货币乘数、增加信贷供应量这条传导路径，弥补利率政策的不足，增加货币工具组合。

其三，当前我国法定存款准备金率处于历史高位，"降准"既有利于对冲经济下行风险，同时又为未来货币政策调整做前瞻性安排。如果存款准备金率继续保持高位，当经济进入上行周期通胀压力显现时，将不利于为货币政策腾挪出空间。

六、宏观政策困境呼唤理论研究突破

在经济增长模式和经济结构已经发生显著变化的背景下，宏观政策尤其是货币政策思维时常陷入困境之中，理论研究亟待突破。

（一）人民币国际化悖论

全球贸易大国地位的持续期待（GDP 增长不能没有出口贡献、保持经济增长的出口驱动力应避免人民币持续升值）以及缓解通货紧缩的现实压力等政策选项决定了人民币不能太强；与此同时，中国作为全球最大贸易体也面临前所未有的汇率风险（储备风险、清算与汇兑损失风险、投资与服务的期权风险等），人民币国际化是顺理成章的，强货币又是题中之义。这种悖论有着传统国际经济理论与经济史实作支撑。但是，近年来也出现了强经济与强货币同时并存（美国）、挣扎货币与挣扎经济并存（经济陷入长期停滞的高收入国家例如日本等）、弱货币与弱经济同时并存（中等收入陷阱国家和大部分欠发达国家）。

与这一悖论相关的还有对利率走势的纠结：到底是利率上行还是利率下行？要避免经济衰退、通货紧缩，就应该引导利率下行，货币必然趋弱，但一个弱势货币很难实现国际化；而要想提升本币国际化，就必须保持强货币的态势，因而利率不能持续下行，至少应该保持稳定，但这又与促进投资、消费的经济增长要求相悖。

（二）宏观债务风险判断

债务风险判断的核心是违约概率，而与债务违约概率密切相关的是负债主体的偿债能力，最相关的指标是资产负债率或者净资产倍数，而不是所谓的债务与 GDP 的关系。债务与 GDP 的关系充其量只能表明单位负债的产出效率，很难判断债务风险程度。

特别是从微观层面看，宏观和微观债务安全状况不能简单替代，相关市场主体仍然要高度重视个体债务风险。国际清算银行提示，在全球低利率和市场低波动率的环境下，要防范过度的金融冒险行为，这对我们是有借鉴意义的。为什么近年来中国的外债增长很快，一个重要原因就是，主要经济体实行量化宽松的货币政策，导致全球主要货币利率水平偏低，人民币利率水平相对较高，人民币汇率也长期单边走势，波动率比较低。这种情况下，境内企业普遍采取了"负债美元化"的财务操作：当存在对外支付需求时，不是买外汇而是借外汇，积累了大量的美元负债。所以这类企业需要高度关注债务风险，应该根据实际的生产经营合理地进行对外债务融资，注意防范跨境资本和人民币汇率双向波动风险，防止将来出现外汇流动性问题，或者出现汇率方面的损失。

（三）扩张性经济政策效力

通过多年的实践观发现，放大饱和需求的刺激政策与激活（填补）缺口需求的积极政策是完全不同的，前者依靠刺激性投入，后者体现为结构性需求调整政策，依靠结构性倾斜引导。

2012 年以来，投资需求、消费需求和净出口需求的增速持续下滑，其疲弱态势不断拖累经济下行。传统理论认为，当经济下行的主要原因是需求疲弱时，遏制经济下行趋势的主要政策取向就是增加货币供给，从总量上刺激需求。然而，此轮中国经济下行虽然与需求数据疲弱相关，但现实需求疲弱与货币供应量之间的关系并不紧密。深入观察分析后发现，在需求疲弱现象的背后，存在着大量供给方面的因素，产能过剩、需求不足是表面现象，其背后掩盖着有效供给能力不足、供给方式落后问题。面对"结构性减速"，简单地增加货币供给、刺激总量需求并不能解决经济中长期稳定增长的基础问题。当前，中国需求结构已经升级，接近发达国家的水平，但供给结构和供给方式仍然停留在 20 世纪 90 年代末期和 21 世纪初的状态。技术装备水平进步迟缓，产业结构调整缓慢，产品结构远不适应迅速变化的需求升级，形成了供给制约需求实现的特殊矛盾。

从潜在需求的角度分析，中国庞大的人口基数、快速的收入增长以及在中等收入国家行列中偏高的人均收入水平和充裕的货币供给总量，现实的消费数据与潜在的消费能力之间有着巨大的空间；城市与农村基础设施还很落后，高技术行业投资严重不足，基础工业技术装备亟待改造，也表明目前的投资增速回落不是投资需求饱和的结果。消费与投资的需求十分旺盛，目前还不至于出现真正意义上的总需求约束。因此，实施主动的供给结构调整，推进供给方式的商业革命，有效满足现实需求并激活潜在需求，从供给端发力解决稳增长问题，将成为未来经济调控政策的着力点。

（四）经济杠杆化与银行杠杆化

曾几何时，银行过度杠杆化，导致金融危机，之后国际监管当局不断强化资本约束，目的就是要让银行去杠杆，从而降低金融风险。而经济杠杆化实际上讲的是债务总量占 GDP 的比重过高，单位负债创造 GDP 的能力在不断递减。当前面临的主要任务是采取措施避免债务的误配置，而不是简单的经济去杠杆。如果真的实行简单的经济去杠杆，其结果可能是灾难性的。

2013 年下半年，央行倒逼金融机构和企业去杠杆，连续上调银行间 7 天逆回购利率近 100 个基点，推动二级市场回购利率中枢抬升至 5%，10 年期国债收益率急剧上升，最高飙升至 4.7% 附近，甚至导致银行间结算成员出现违约，杠杆率出现下降苗头，但却是以影响金融稳定为代价的，实际上已经导致了一场小型的金融危机。

日本央行在 1989 年 5 月将维持了 2 年多的超低利率从 2.5% 上调到 3.25%，之后连续 4 次上调，到 1990 年 8 月达到 6%。货币紧缩导致 M_2 增速从 1990 年平均 11.68% 的水平大幅降到 1991 年平均 3.66% 的低位，直接导致了地产泡沫的破灭，房价暴跌重创了日本经济，至今仍未能恢复。与当年的日本很相像，中国的银行信贷质量实际上也与房地产休戚相关，表现为：房地产贷款及房地产抵押贷款占银行业各项贷款比重近 35%；且 2013 年以来发放的房地产贷款占全部房地产贷款的 44%；一线城市中，京、津、沪、穗、深、渝房地产贷款占全部房地产贷款比重为 29%。这就意味着，银行不仅被房地产绑架了，而且很大一部分信贷都对应着价格高企的资产。一旦这类资产价格下跌，则下行空间巨大，且爆发区域属于经济最发达地区。因此，2014 年以来，货币当局的操作方法已经从 2013 年的高利率去杠杆，再度转变为低利率加杠杆。而中国央行的职责之一就是防范和化解系统性金融风险，维护国家金融稳定，但这又导致了杠杆率的再度上升。

（五）深刻理解资产证券化

一是资产证券化的真正目的是什么？难道真的是为了盘活存量？其实，所谓的资产证券化能够盘活存量的说法只是对于一家银行或机构而言，对于社会融资而言只是增量的概念。二是什么样的资产可以证券化？也就是说，并不是所有的资产都可以证券化，只有那些有现金流支持的、价值可以评估的、风险可以计量的资产，才能作为证券化的标的资产。三是国际金融市场上出现的大量资产证券化产品，主要是为了资产负债期限匹配、监管套利、风险转移或分散。四是资产证券化与资产交易或债权交易应该有一些本质区别，资产或债权交易可能都是大宗的、批发的，但证券化的资产交易不一定都是批发的，涉及零售性质的证券化交易还是会承担零售性质的风险，例如雷曼迷你债券。

（六）收入分配和财政政策应该扮演的角色

维持低工资保持过去的经济增长驱动力，既不可能，也无意义。当前经济生活中的严重失衡问题，主要表现在内外失衡两个方面：内部失衡表现在投资与消费不平衡，造成不断扩大的生产能力与最终消费的缺口难以通过国内的消费增长来消化；外部失衡表现在过剩的生产能力需要在国际市场上找出路，造成过大的贸易顺差，最终导致国际收支失衡。而内外失衡造成的投资过快、信贷投放过多、贸易顺差过大的"三过"问题只不过是国民收入分配失衡的表现方式而已。

　　在传统的经济增长模式下，国民收入分配中政府和企业所得份额增长高于居民所得增长，财政对社会事业和社会保障投入不足，低收入群众收入增长不快，储蓄率和投资率过高，消费率过低，形成一个走不出去的"怪圈"：一方面，政府财政收入的快速增长挤压了居民收入和企业收入增长的空间，使得居民消费能力和民间投资能力下降；另一方面，政府转移支付和社会保障支出的滞后，又导致居民消费倾向下降，储蓄倾向上升。内需的不足迫使政府不断加大公共投资刺激经济，也使得中国经济对外贸的依赖的加强，需要更多的贸易顺差来带动经济的增长，而对外贸和政府投资的依赖加强，又加剧了经济结构的失衡和居民收入受抑，这就形成了一个恶性循环，陷入"国富民不强"的怪圈。长此下去，不利于小康社会的建设，不利于经济社会持续快速协调发展。

附：

货币供应量 M_1、M_2 谁更重要？

2015 年，我国 M_2 余额近 140 万亿，M_2 与名义 GDP 比值 206%，处于较高水平。但从实体经济看，流动性相对不足。上述矛盾成为普遍关注的话题。

货币"超发"的表面性。从衡量指标看，M_2/GDP 被部分学者作为评价一国货币是否超发的指标，但从货币构成和功能看，这种标准并不合理。M_2 包含直接作为流通和支付手段的 M_1 以及单位定期存款、储蓄存款、非存款类金融机构存款等不体现为当期购买力、具有储藏价值的准货币。受我国居民消费习惯和投资渠道有限等因素影响，我国储蓄率一直处于较高水平，2015 年末储蓄率 48%、居于各国前列；2015 年末我国准货币占 M_2 比重 71%，2012—2015 年准货币复合增速 14.2%，超过 M_2 增速 1.6 个百分点。M_2 快速增长更多地与我国金融体系特征和居民高储蓄倾向有关。从国际比较看，我国 M_2/GDP 高于美国，这不但与前述提到的我国居民消费和投资行为特征有关，还与两国在 M_2 统计口径上存在明显差异相关；美国 M_2 由 M_1、小额定期存款（10 万美元以下）和货币市场基金构成，与我国 M_1 更为类似，2015 年末我国 M_1 与名义 GDP 比值 59%。此外，我国存款准备金率 15%—17%（我行和中行存款准备金率 17%，股份制银行等金融机构存款准备金利率 15%)，而美国存款准备金率 5%左右，我国 M_2 中大量资金是固化的，若考虑该因素，按 5%存款准备金率计算，我国 M_2/GDP 下降至 168%。

实体经济资金紧张与新增融资更多用于偿还债务以及 M_2 未能有效转化为 M_1 有关。一是当前利息支出占新增社会融资比例较高，市场分析报告预计该比重为 30%—50%，新增融资被更多被用于存量债务展期，实体经济新增投资金额有限。此外，产能过剩行业中沉淀大量资金，无法转化为有效产出；2015 年 9 月末，工信部划定的煤炭等 9 个产能过剩行业有息债务总额 7.2 万亿元，占全部工业行业有息债务 32%。二是 2014 年和 2015 年 M_2 同比增速分别为 12.2%和 13.3%，同期 M_1 实际同比增速分别为 3.2%和 5.4%(2015 年账面增速 15.2%，主要是当年地方债大规模发行，同比增加 3.4 万亿元，为保证 M_1 增速可比，剔除该因素影响后增速 5.4%)，货币政策传导渠道受阻是 M_2 与 M_1 偏离的一个重要原因。尽管 2014 年以来，央行多次下调存款准备金率，但当前依然处于 15%以上的较高水平，缴纳准备金后，银行可用于发放贷款的长期资金减少，间接推高长期利率。虽然央行通过短期流动性调节工具和借贷便利等为银行提供资金支持，但由于其利率水平高于存放央行利率，实际推高银行资金成本。此外，上述资金支持期限较短，无法作为中长期贷款稳定的资金来源，难以有效调节长期资金供求关系，从资金来源保障方面提高银行对实体经济的支持能力有限；2015 年公开市场操作、SLO 和 3 个月 MLF 累计投放 4.18 万亿元，占当年央行公开市场资金投放的 74%。为避免期限过度错配，商业银行只能将这部分资金用于同业市场和短期贷款；截至 2015 年年末，全部金融机构的同业存款、借款及拆入余额 12.1 万亿元，比年初增加 38%；金融机构短期贷款（含票据融资、非银行金融机构贷款）在各项贷款中占比为 42.8%，比 2012 年提升 11.2 个百分点（2013 年和 2014 年占比分别为 44% 和 43%，高于 2015 年水平）。

在我国以间接融资为主导的金融体系中，商业银行的信贷投放对实体经济体发展具有至关重要的作用，而银行体系的信贷投放能力与央行基础货币供给和派生直接相关。当前货币钝化日益严重，货币政策传导效果出现边际递减。央行的货币政策应进行前瞻性调整，着眼于促进实体经济增长和保持良好经济发展预期。

货币政策短期更多关注 M_1 变化，将 M_2 作为中长期调控。M_1 直接体现交易和支付能力且与 GDP 的相关性更为直接和明显；从 Correlation 相关性分析看，GDP 增速和 M_1 增速存在显著相关性，而与 M_2 增速相关性不明显，M_1 增速回升一个季度后，GDP 增速呈现上升态势。

适时降低存款准备金率，提升准备金率差异化水平。降低存款准备金率可直接增加银行长期可用资金，促进贷款等长期资产运用，并通过资金供给的增加间接引导市场利率下行，降低企业融资成本。为保证流动性处于合理区间，在降低准备金率的同时，可以缩减短期流动性工具和借贷便利规模。当前，央行已对涉农、小微企业达到一定标准的金融机构实施差异化准备金率，为鼓励银行加大对实体经济支持力度，可对长期贷款投放较多的银行实施优惠准备金率。

　　加大再贴现工具使用力度。贴现及再贴现均以有真实贸易背景的票据作为支撑，商业银行和央行提供的资金能够直接对接实体经济需求。再贴现作为央行货币政策工具，可以通过额度和再贴现率的调整实现提供流动性、引导金融机构信贷投向等多种目的，与美联储、欧央行和日本央行实施的量化宽松（QE）的作用类似。可加大再贴现工具的使用力度，对不同类型金融机构以及不同行业、规模的企业在再贴现的额度、价格和再贴现方式上采取差异化安排，发挥再贴现直接为实体经济提供资金的优势。

第七章

通货紧缩的观察方法与政策思考 [①]

　　每当宏观经济数据持续走弱，都会引发市场对于经济是否面临通货紧缩风险的争论，相应的政策建议也是众说纷纭。在很多情况下，对于现实问题的认识分歧来自理论研究的滞后，关于现实经济生活是否存在通货紧缩的争论也是如此，目前已经到了必须加强分析研究的时候了。

一、判断通货紧缩的方法充满着争议

　　通货紧缩是指物价持续下跌的一种经济现象，长期的通货紧缩会对经济造成严重冲击。经济史中影响最大的通货紧缩发生在1930—1933 年的美国，在多种因素的综合作用下，通货紧缩发展为严重的经济衰退。近几十年来各国货币当局的主要精力用在应对通货膨胀上，除 20 世纪 90 年代末期亚洲金融危机引发的通缩及日本等国家发生的通缩现象外，没有发生持续、严重的全球性通货紧缩及经济衰退。可能正因如此，人们对通货紧缩的理解和判断方法出现一些认识分歧，形成了一些流行但却似是而非的观点。

——局部的经济泡沫能否反证通货紧缩

有人认为通货紧缩是相对于通货膨胀而言的，只要经济生活中存在着严重的房地产泡沫、股市泡沫或其他资产泡沫等通货膨胀特有的经济过热情况时，就不能说当前经济存在着通货紧缩。这是一种典型的反证推论方法。所谓经济泡沫就是太多的货币去追逐相对较少的商品或者资产，导致价格持续快速上涨，并且严重偏离其真实价值。一般而言，经济过热必然伴随着经济泡沫，但经济泡沫的形成既有总需求与总供给失衡的原因，也有结构供求失衡的原因。前者可以是经济过热的必然产物，而后者未必，如果一项结构性政策力度过大，也足以产生某个领域或局部的经济泡沫。例如，前几年美国的房地产泡沫快速形成及其破灭，与宏观当局出台的一系列刺激房地产市场的财政税收政策、利率政策、按揭贷款政策等有直接关系。中国和其他国家也有类似现象，市场上的货币在相关政策的驱使下集中流向特定领域或地区，不仅产生局部经济泡沫，而且导致其他领域或地区货币流失，形成通货膨胀与通货紧缩、局部经济过热与局部经济衰退同时并存的特殊经济现象。

另外，从货币本身的性质分析，追逐资本的货币和用于商品交易的货币也可能相互割裂，形成不同经济效果。在储蓄倾向较高的国家，大量积累的国民储蓄必然要通过银行和资本市场寻找投资方向，会在一定时期、某些领域形成资产泡沫，但这些追逐资本的货币并不会马上影响消费物价指数，因而与通货膨胀水平没有直接的相关关系。

——货币池子里"水"的多少与通货紧缩的关系

很多场合我们经常听到这样的说法，我们池子里面的水太多了，换句话说经济中流通的货币太多了，有那么多的货币供给，为什么还说通货紧缩呢？这里用到了水池测量法，该方法以 M_2 与 GDP 关系作为判断依据，首先计算出主要国家 M_2 余额与 GDP 的比值，再计算世界主要国家的平均值，然后观察特定国家与平均值的偏离度，进而判断通货紧缩与否。当前中国 M_2 超过 GDP 增速，M_2/GDP 比重已经超过美国等主要经济体，同时消费者物价指数也在上涨，如果根据这一方法，目前并不存在通货紧缩问题，而且如果 M_2 继续增长，好像要洪灾泛滥。但很多研究已经表明，M_2/GDP 的均衡数据与一个国家的融资结构、居民储蓄偏好等有很大关系，不宜用一个简单指标判断货币供给是否过量；同时深入分析可以发现，M_2 中有相当一部分形成了资本，只有 M_1 这一部分才是直接影响经济现实循环的交易支付货币，能够直接影响当期消费物价水平，是我们观察物价水平时更应该真正关心的"水"。因此，如果观察 M_1，我们肯定会对池子里的"水"是多是少，产生另一种判断，事实也证明 M_1/GDP 的指标近期出现下降，已经接近 21 世纪初的水平。

实际上，M_1 与 M_2 并不总是同步的，二者经常产生背离，甚至呈现某种规律性变化。M_1 比 M_2 对经济冷热影响的贡献度更大，而且实际经济生活中出现的所谓流动性陷阱主要与 M_1 的变化有关。观察 M_1、M_2 对基础货币供应量的反应，在流动性陷阱情况下，基础货币供应对 M_2 变化呈现较高弹性，而对 M_1 变化呈现的弹性较小。

需要进一步讨论的问题是，近期 M_1、M_0 增速趋缓是中央银行主动控制的结果还是经济需求不足的必然反映？从日本 20 世纪 90 年代以来的经验看，这显然不是中央银行主动控制的结果，相反的是日本央行一直都在挖空心思增加货币供给，但新增的货币大多没有流向支付和交易领域，物价指数持续低迷。中国当前 M_1、M_0 增速低于经济增长加物价上涨，显然也不是中央银行的主观意图和实际作为，要引起高度关注。

——CPI 与 PPI 变化到什么程度才能形成通胀或通缩压力

有人认为，无论是"通胀"还是"通缩"都是一种货币现象，表现为货币、商品与价格之间的关系。说到底，无论通胀还是通缩，关键是看价格总水平的变化，目前各国普遍使用的观察指标是 CPI 和 PPI，因此通过观察 CPI 和 PPI 的变化趋势来判断通胀还是通缩是一个普遍使用的方法。但目前对于这种方法仍存在着较多争议。一方面，CPI、PPI 变化受多种因素干扰，并不能完全反映通货膨胀和通货紧缩水平；另一方面，在不同国家、不同经济环境下，人们对于物价变化的冷热感受不一样，愿意承担和忍受的程度也不一样。因此，CPI、PPI 下降或上升多少、多长时间才算是通胀或通缩，目前认识分歧很大。有人提出 CPI 连续 6 个月出现负增长即为通货紧缩，连续 6 个月超过 4% 即为通货膨胀，但企业家甚至政策制定者对此并不完全认同。还有一个重要的问题是 CPI、PPI 指标具有滞后性，尤其是 CPI 还会受到一些并不反映经济景气的消费品的季节性、气候性因素干扰。以美国劳工统计局 CPI 数据编制为例，他们会定期雇用很多人向全美 90 个城市的商店、办公室打电话、发传真甚至登门拜访，反馈回 8 万多种价格数据，一般会滞后几周得到判断，从 2008 年经济危机经验看，这个滞后是致命的。相对而言，PPI 的变化更能敏感地反映经济景气趋势。在宏观经济管理实践中，一些国家往往会给出物价指数的上下限区间，若物价指数持续低于下限就会采取措施防止出现通货紧缩，这不失为一个合理的做法。尤其要警惕的是，如果物价指数下跌伴随经济失速、债务负担增大，应该高度重视通货紧缩会引起的不良效应。

——通货紧缩不是简单的货币供给不足现象

已有的理论和实践表明，通货膨胀是一种货币现象，通常都是由于货币供给过多，使涌向商品的货币增加，造成价格持续上涨；反过来，当观察到市场价格普遍上涨也可以推理出市场货币过量，因此治理通货膨胀通常是采取紧缩的货币政策。有人因此推论通货紧缩也是一种货币现象，是由于货币政策紧缩使货币供给不足，导致涌向商品的货币减少，价格下跌，因此出现通货紧缩时需要采取宽松货币的政策。这种认识实际上把通货紧缩的原因简单化，不仅无助于正确识别通货紧缩，还可能造成严重后果。在理论上容易陷入依据货币供应量指标否定通货紧缩，容易忽视通货紧缩可能引起的重大不良后果。在实践上习惯于从货币政策入手应对可能的通货紧缩，导致治理紧缩的政策简单化，难以有效解决实际问题，很可能导致通货紧缩加剧进而导致经济衰退。从逻辑上看，在通货紧缩时期由于市场主体对未来价格下降预期增加，追加的货币供应大部分很难转换为实际商品购买需求，对提升价格作用不很明显，日本20 世纪 90 年代以来的通货紧缩现象充分说明了这一问题。另外，依据货币供应量来判断通货紧缩的标准不明确，我们很难去定义和测量"合适"的货币需求，实践证明价格上涨往往是由货币过多引起，但价格下降不一定只是因为货币过少，其原因非常复杂。中国在 1998 年到 2000 年、2002 年两次出现 CPI 低于 100 的时期，当时 M_2 增速均在 14% 左右，超过 GDP 增速与物价增速之和，当时并不存在货币政策紧缩问题。

二、与通货膨胀相比，通货紧缩的破坏性影响真的相对较小吗

由于适度的通货紧缩使人们持有的货币增值，同样货币可以买到更多商品，有人因此认为通货紧缩有利于增加人民福利，也有人认为通货紧缩有助于资源的重新优化配置。因此，大家容易认为通货紧缩的危害不如通货膨胀那样大。但无论从通货紧缩的经济逻辑分析还是历史经验，都提醒我们，虽然短期、适度的通货紧缩危害性不强，但长时期陷入通货紧缩很可能会引起严重的经济衰退，造成重大破坏。格林斯潘甚至认为，即使温和的通货紧缩也会对经济产生不利影响。比起通货膨胀，通货紧缩一旦成真，对经济的杀伤力与危害性会更大更广。从近百年世界经济发展史的角度看，以价格和收入两大因素下降为主要内容的通缩危机，对经济及民生的冲击远远要超过通胀。1929 年美国通货紧缩引起的经济危机期间，工业生产下降幅度达 40.6%；而日本在 20 世纪 90 年代初房地产泡沫破裂后，开始陷入长期通货紧缩，从 1992 年至今经济增速持续低迷，对经济产生严重影响。

综合已有理论分析，通货紧缩对经济的影响主要体现在几个方面。一是价格的下降尤其是预期价格下降，会使一部分消费者持币意愿增加，抑制当期消费支出；二是价格下降提高了实际利率水

平，投资成本上升，导致部分企业家投资意愿下降；三是价格下降会使企业家预期未来投资的成本低于当前，对新开工投资项目缺乏吸引力；四是投资的下降最终会降低就业率，引起居民总收入下降，进一步抑制消费水平。在投资和消费的共同作用下，社会总需求降低，经济增长受到限制，因此较长时期的通货紧缩都会导致经济增速下滑。当然，实际经济生活中也存在由于生产力水平和经济运行效率（如电商减少了中间环节、物联网提升运营效率）提高引起的价格下降，对于经济发展是一件好事，但这在逻辑上意味着企业利润增速不会下降。可以说，如果企业利润稳定而价格下降，意味着经济处于健康运行状态；但如果出现跨越不同市场、持续时间较长、经济循环严重不畅、企业盈利能力持续下滑、破产明显增加的情况，通货紧缩往往是经济活动衰退的象征。从实践上来看，经济运行一旦陷入通货紧缩的泥潭，摆脱起来将十分困难。深入分析日本所谓"失去的十年"或"失去的二十年"，人们对通货紧缩的成因、影响、化解的理论与"政策配方"似乎都应反思。

通缩对于发达国家的负面影响几乎是肯定的，但对于许多中等收入国家来说，更担心的是滞胀。近年来新兴经济体虽然普遍存在通胀压力，但这种通胀与过去不同，主要原因不是经济过热、货币过多的经典通胀，而是发达国家通货紧缩引货币外流、本国经济衰退的货币危机型通胀。实证研究已经证实这一现象，应对起来比较困难。

三、中国通货紧缩已并非仅是潜在压力，去杠杆化应掌握时机

单从消费价格指数看，中国已进入低通胀时代。2014 年 9 月份是一个重要时点，居民消费价格指数（CPI）开始步入"1"时代；而工业生产者出厂价格指数（PPI）则从 2012 年 3 月开始连续负增长。同时，宏观经济数据持续走弱，工业增加值同比增速从 2012 年 2 月的 21.3% 一路下跌到 2014 年年底的 8.3%；GDP 增速从 2010 年第四季度的 10.4% 下降到 2014 年的 7.4%。虽然 CPI 没有出现负增长，但 PPI 已持续负增长已近三年，市场上开始出现对经济是否面临通货紧缩风险的争论。

从国际上看，国际货币基金组织估计 1990 年至 2013 年间全球通胀率平均为 11%，而 2014 年约为 3.9%；发达经济体 1990 年至 2013 年间年均通胀率为 2.3%，2014 年为 1.7%。虽然早在 2009 年有着"末日博士"之称的鲁比尼就大胆预言未来 5 年全球经济将陷入通缩，但时至今日仍然有很多人认为这种观点是哗众取宠，发达国家甚至中国遇到的问题最多只能是低通胀而不是真正意义上的通缩。在很多情况下，关于现实经济生活是否存在通货紧缩的争论来自理论研究的滞后。

——从价格指数走势看，虽然 CPI 仍处低通胀区间，但 PPI 走势显示通货紧缩已并非只是潜在压力

1996 年至 2014 年间中国 CPI 曾三次出现过负增长，分别是 1998 年到 1999 年（亚洲金融危机）、2002 年、2008 年到 2009 年（次贷危机），但持续时期都不长。2011 年 7 月 CPI 达到 6.5% 的水平

后开始下降，2013 年以来一直在"2"时代和"1"时代；但值得注意的是，近三年来 PPI 持续负增长的时间远远超出了上面三次的时间，生活资料出厂价格指数同样也是负增长，加之近期国际石油价格剧烈下跌，除美国之外的其他主要发达经济体都面临较大的通货紧缩压力，内外部都有继续拉低价格指数的因素，预计较长时间内 CPI 会处于较低水平，通货紧缩的潜在风险不可忽视。

——在价格指数走低的同时，经济增长和企业利润下滑，非金融企业债务负担加重，增加了通货紧缩的危险性

如果通货紧缩与经济增速下滑同时发生，意味着社会总需求不足，价格持续下降引起经济衰退的可能性增大。2012 年 2 月至今工业增加值增速已经连续 34 个月在下滑通道，从 21.3% 下降到 7.9%；持续下滑时间已超过了 2007 年次贷危机，当时下滑从 2007 年 6 月的 19.4% 下降到 2008 年 11 月的 5.4%，也只有 17 个月下滑时间。

企业利润增长也呈下滑趋势，2010 年 2 月以后企业利润增速逐渐回落到个位数。

——从国际经济历史经验看，在通货紧缩时期强行去杠杆化会使价格水平进一步恶化，引起严重后果

近年来，全球债务增长势头并未随着金融危机和经济衰退而收敛，发展中国家如此，发达国家也是如此。日本已经超越所谓的"极限"，欧洲和美国也在不断攀升，引起了政治家、经济学家的广泛关注，警惕债务风险、严格控制财政赤字和信贷扩张、加快去杠杆等呼声日益高涨。然而，深入分析我们不难发现，当前的债务增长与金融危机之前的债务增长的驱动因子是完全不同的。过去的债

务增长是需求过热驱动的，因而可以看作是泡沫式增长；当前的债务增长是基于需求不足而出现的，一方面是经济下行甚至衰退导致货币循环不畅、一些经济体出现非意愿性拖欠的债务积累，另一方面是一些国家的公共部门为了弥补私人部门投资与消费不足而主动扩大的政府负债。因此，经济过热、通货膨胀时期的债务"破格"隐藏着极大的泡沫破灭风险，严格控制财政赤字和信贷扩张、加快去杠杆是完全必要的；但经济衰退、通货紧缩时期的债务增长，是经济意义上的"消渴"或缓解饥渴行为，如果此时强行压缩财政赤字、严格控制信贷需求、急于去杠杆，则经济将迅速恶化，后果不堪设想。从实践上看，此次金融危机之后欧美对于去杠杆化的不同理解与政策分歧已经产生了截然不同的经济恢复效果。

——应该从经济周期循环的角度来理解中国的产能过剩现象

经济扩张期转入经济收缩期，产能过剩是必然现象，世界各国的表现都是如此，因而不能简单用中国传统增长方式和经济结构来解释产能过剩，由此过去操之过急的转方式、调结构思路值得反思。有人将目前中国的产能过剩归因于 2009 年至 2010 年超强投资刺激政策，其实这是一种偶合，最多也只能说是加剧了经济周期变化中的产能过剩。金融危机爆发以后，美国、欧洲、日本和其他国家并没有实施类似于中国的强烈投资刺激政策，但是也都出现了各种形式的产能过剩问题。

——全球主要银行面临的最重要经济环境是通缩压力日趋明显，信贷需求疲软、息差收窄、客户违约上升、盈利能力下降等，是通缩风险的反映，对此很多银行尚未充分认识，更是准备不足

日本的数据显示，1990 年以来银行信贷与物价指数间存在紧

密联系，银行贷款增速是物价指数的一个重要先行指标，20 世纪
90 年代末期急剧的去杠杆化进一步恶化了通货紧缩形势。从中国
20 年来人民币贷款余额和增速的变化轨迹看，2014 年是贷款增速
最低的时期之一。如果信贷增速下降是一种趋势，银行将直面通货
紧缩环境，要对此做好准备。通货紧缩压力会对银行经营产生不利
影响，长时期的通货紧缩会使债务人的成本负担增加，利润下滑，
一方面减少信贷需求，引起信贷紧缩；另一方面客户违约和不良贷
款增加，银行面临的信用风险增大。一旦出现信贷紧缩和不良率的
大幅攀升，经济面临的金融风险会迅速增大。

四、识别通缩应有新方法，应对通货紧缩考验政策制定者的智慧

前瞻性应对通货紧缩的前提之一就是准确判断通货形势，而如
前所述现行以价格指数为依据的判断方法还存在很多问题和分歧。
有人提出，先导经济指数对通胀与通缩更敏感，我们可以通过观察
某些先导指标的变化来间接预测通胀或通缩趋势，如观测 BDI（波
罗的海综合运价指数）、大宗商品价格指数、消费行为指数等，还
有大家经常关注的 PMI 也是重要的前瞻性指标。国外众多的"智
库"、高校开发出了五花八门的相关性指标，用来判断经济周期、
判断通货形势，这就是所谓的"大数据方法"。这些研究很有价值，
以相关性分析为核心的大数据方法或许可以使判断通货紧缩的迷雾
"柳暗花明又一村"。

麻省理工学院的两位经济学家提出了一个大数据解决方案，就

是在互联网上收集价格信息，虽然这些数据很混乱，但每天可以收集多达 50 万种商品价格，利用大数据分析方法判断价格走势。在 2008 年 9 月雷曼破产他们之后马上就发现了通货紧缩趋势，而官方数据直到 11 月份才知道这个情况。国内互联网公司也正基于海量的数据探索新的物价指数编制方法。例如，阿里巴巴利用平台上海量的产品交易数据定期编制分类及汇总的价格指数，其汇总价格指数包括阿里巴巴全网网购价格指数（aSPI）和阿里巴巴网购核心商品价格指数（aSPI-core）。aSPI-core 是固定篮子价格指数，通过创新的筛选算法圈定阿里零售平台上近五百个基本分类下接近 100 000 种核心商品作为固定"篮子"，每月追踪该篮子内商品和服务实际网购成交价格变化，以刻画网购主流商品和服务的一般价格波动，从而从网络零售渠道反映宏观物价走势。阿里巴巴全网网购价格指数（aSPI）建立在叶子类目每月加权成交均价变动的基础上，以上月成交份额为权重所计算得到的价格指数，用以反映全网总体网购支出价格水平的变化。2014 年 aSPI 同比均在 100 以下；2012 年以来 aSPI-core 同比都在 100 以下。

百度也依托自己的海量数据编制了生产价格指数（PPI）预测指标，提前三个月预测 PPI 走势，近两年来该指数与国家统计局发布数据比较，两者走势基本一致。

实际上，中国人民银行也在梳理、明确经济发展新常态下货币政策目标（例如，持续低通胀下中央银行货币政策的最终目标到底应该怎样选择），探索新常态下货币政策效果的观察指标（例如是否应该从 M_2 转向 M_0 或 M_1，从 CPI 转向 PPI，从 GDP 转向 PMI 等），创新货币政策工具（SLO，SLF，MLF，PSL），并尝试结构性的定向与差别化调控，引导市场资金流向与市场利率走势，既要保持稳健的政策定力，又要前瞻性地应对可能的通货紧缩风险。

随着大数据技术的发展，国家应在政策上激励各市场参与主体主动披露、共享数据，建立数据共享平台，数据增大到一定程度，通过大数据技术可以为解决宏观经济决策中面临的数据滞后、无法及时根据实际经济情况提前采取对策提供一条可行的解决思路。现在的技术储备和实践都已经证明了这是一条可行之路。

不仅认识通缩应有新方法，解决全球范围内的需求不足和通缩风险也需要有全球视野。市场上的专业人士已经形成共识，全球范围内需求不足是当前世界经济面临的最大挑战。一是不利的人口结构，发达经济体和部分新兴经济体进入老龄化社会，消费倾向降低，人口出生率下降；二是由于美国家庭债务负担高企，美国经济相对地位下降，其作为全球供需出清市场的功能下降，过剩的供给无法再通过美国居民消费消化；三是随着新型市场经济体的崛起以及新技术的发展，制造能力大幅增加；四是中国经济增速的下滑等因素引起石油和大宗商品价格的下降；五是贫富差距水平的加大和工资增长乏力抑制了需求的增长。因此，解决全球范围内的需求不足和通缩风险需要站在全球视野来理解和寻求解决方案。经济全球化水平的提高使几乎所有国家都卷入通缩风险，大国和小国都难以通过自身的政策独立解决问题，尤其是对大型经济体，既要考虑外部因素，又需考虑自身政策的溢出作用。以美国为例，退出 QE 使其他经济体面临信用紧缩，进而也影响到其本身，美国国债收益率不升反降、物价指数继续下滑，充分说明了这一问题。地缘政治风险、竞争性货币贬值、贸易保护主义会带来严重的系统性风险，各国需要携手共渡难关，通过激励投资、技术革新、保持政策的协调性，共同解决需求不足的矛盾。尤其是对出口导向型的国家，要把注意力更多转移到提升国内市场需求，避免需求的挤出效应，这对新兴市场尤其是高储蓄率的国家是一个更加艰难的选择。

中国已经步入中等收入国家行列，未来有三个可能：一是采取主动审慎的宏观经济政策，配合积极的体制改革与经济结构调整，使经济增长保持在 7%—8%的中高速范围，通货膨胀控制在 5%以内，社会经济结构都比较协调，发展稳健且势头可持续；二是听任经济增长持续下行至 6%以下，并且形成继续下行预期，以至于消费萎缩、投资等待、总需求长期低于潜在经济增长速度，社会经济矛盾不断积累，届时货币政策无效，落入流动性陷阱；三是维持现行经济体制与增长方式，以驾车的方式实施宏观调控，速度低了就踩油门，速度高了就踩刹车，久而久之矛盾不断积累，政策效应递减，最终演化出滞胀局面。第一种可能性是我们要力争达到的，而第二、第三种情形都是我们要极力避免的。

中国新一届政府在实施稳健货币政策基础上，采取了更加积极的财政政策。国际经验表明，在通货膨胀时期货币政策可以起到较好的"降温"作用，实施紧缩货币政策可以有效降低通货膨胀率；但在通货紧缩甚至经济持续下行的条件下，单靠货币政策很难实现经济增长复苏，财政政策在应对经济下行和通货紧缩的特殊阶段起到的作用更大。实践也充分证明，在艰难的经济恢复时期，稳健的货币政策辅之以积极的财政政策，能够引导企业投资和居民消费，是摆脱经济持续下行、避免通货紧缩结局的重要政策选择。应适当增加财政赤字水平，降低目前过大的安全冗余；加大政府基础设施与战略行业研发投资，引导私人资本投资，至少要填补经济中高速增长状态下的投资缺口；加大政府采购公共服务产品的力度，提高民生与社会保障水平；积极引导居民收入预期，并借助结构性税收政策刺激教育与培训消费、信息产品消费、家庭智能产品消费等，既增加即期消费需求，又促进长远发展的人力资本积累；鼓励电子商务和现代物流，降低社会交易成本，提高经济效率。

附：

警惕通货紧缩须向市场发出明确信号[②]

时至 2014 年岁末，世界经济前景不确定因素越来越多，欧洲、日本、美国、新兴经济体复苏进程呈现出不均衡态势，全球货币政策逐渐分化，通缩阴影日渐浮现，中国面临的内生与外部输入性紧缩风险不容忽视。2008 年金融危机爆发后，近些年全球主要央行使用了多样的宽松货币政策来对抗衰退的影响；如今，全球经济增长放缓、大宗商品价格下跌、股市不振和国债收益率下滑的种种新迹象表明，通缩风险尚未离开。中国近期的经济指标显示，通货紧缩的趋势也越来越明显，居民消费价格指数从年初的 102.5% 下降到 10 月份的 101.6%；工业品出厂价格指数连续 29 个月在 100% 以下，10 月份仅为 97.76%，创今年最低值。尤其值得注意的是，原油价格从 2014 年 6 月份 100 美元以上一路下跌到目前的 70 美元以下，跌幅超过四分之一；进口铁矿石价格从年初的 950 元左右下跌到现在的 540 元，跌幅超过 40%；10 月份企业商品价格指数下降到 96.9%，近两年来首次低于 97%。价格持续下降的趋势短期内不太可能发生反转，一是原油输出国目前对保价限产没有达成一致，沙特、卡塔尔、阿联酋和科威特等石油输出大国不赞成减产，国际原油供应充足、美元走强和全球经济增长疲软导致需求萎缩等因素造成油价持续下跌，在这些趋势没有改变前石油价格很难反转上涨；二是全球资本投资持续萎缩，发达国家和新兴经济体固定资产投资增速都呈下降趋势，铁矿石及大宗商品价格将继续疲软；三是新增订单下降，美国 11 月 Markit 新订单分项指数创 1 月份以来新低，中国 10 月份 PMI 新订单指数 51.6，较 9 月下跌 0.6，现实需求难以支持价格上涨。

长期以来，我们对通货膨胀及其危害的认识比较深刻，对于通货紧缩的感触不深，研究不够。通货膨胀的最大威胁是经济过热之后泡沫破灭，通过强制性的降温，经济增速甚至绝对水平回到过去的某个原点。与之伴随着的社会与政治代价是贫困阶层与中低收入群体的利益严重受损，社会矛盾尖锐，市场秩序紊乱，政治动荡。而人们对于通货紧缩的后果往往处于逻辑推演，价格水平下行有利于提高贫困阶层与中低收入群体的购买力，不会产生社会矛盾，也不会破坏市场秩序。其实这些只是想当然的一面，而实际的另一面可能完全出乎预料。通货紧缩的最大威胁是下行预期，由此引起投资等待与消费等待，需求进一步萎缩，发展动力与后劲不断丧失，经济步入衰退性循环。与此同时，失业率不断攀升致使中低收入群体失去生活来源，财政收入基础萎缩致使政府难以承担社会责任、甚至无法兑现既定的社会承诺，社会矛盾将随着经济衰退的持续而不断尖锐。伴随着经济衰退，市场循环越加困难，日益增加的拖欠、违约将严重损害市场秩序和社会信用。

我们几乎可以将通货膨胀说成是一种货币现象，通货膨胀的原因（至少是主要原因）归结为货币过多，因而货币政策可以在治理通货膨胀中发生积极作用。而通货紧缩是一种经济现象，其成因不完全是货币问题，因而解决通货紧缩问题不能对货币政策寄托过高期盼。经济发展实践证明，在通货膨胀时期货币政策可以起到较好的"降温"作用，实施紧缩货币政策可以有效降低通货膨胀率；但在通货紧缩条件下，单靠货币政策很难实现经济增长复苏，财政政策在应对经济下行和通货紧缩的特殊阶段起到的作用更大。当前，消费不足、企业投资意愿不强，导致经济总需求不旺；同时，经济下行导致商业银行风险增加，反过来降低了银行贷款的能力和贷款意愿，贷款效率下降，有效货币供给减少，降低了社会有效需求，最终反映为物价下降，加重通货紧缩。次贷危机发生后，为应对信贷萎缩，美国等国家采取超常规宽松货币政策，从市场大量买入资产增加货币供给，试图提升信贷意愿，但效果不佳，尤其是欧元区迄今未走出下行趋势。近期，越来越多的学者和专家意识到，在艰难的经济恢复时期，宽松的货币政策辅之以积极的财政政策，引导企业投资和居民消费，是引导经济走出下行通道、摆脱通货紧缩的重要政策选择。

中国经济潜在增长率仍处较高水平，还有较长时间的发展战略机遇期。放任经济下行不仅会坐失发展机遇，也无益于中长期的结构调整与深层的改革推进，甚至还会加大难度。当前及今后一两年内不能放弃短期的稳增长政策，只要经济增速控制在潜在增长率水平以内，不会与中长期结构调整与改革目标产生冲突。通过汇丰制造业采购经理指数（PMI）估算的产能利用率指标虽略有回升，但仍处于长期平均水平之下，企业库存高企，去库存进展缓慢，这些迹象都表明经济存在负产出缺口，目前 7.5% 左右的 GDP 增速明显低于潜在增长水平。这为更加积极的财政货币政策发挥作用提供了基础。

从负担水平看，财政政策有一定的扩展空间。国际上通常用两个指标来评价一国财政风险：一个是赤字率，财政赤字占 GDP 比重不超过 3%；另一个是国债余额占 GDP 比重不超过 60%。2014年财政赤字预计 13 500 亿元，赤字率稳定在 2.1%；2014 年我国中央财政国债余额限额为 100 708.35 亿元，这一规模占 GDP 的比重不足 20%，即使考虑地方政府债务，债务占 GDP 比重也距离 60%的警戒线有较大距离。

财政政策发挥作用的空间巨大。中国仍然是一个发展中大国，在政府投资方面要做的事情很多，例如城市基础设施尤其是城市卫生、交通设施尚有较大差距；改善生态环境所需的投资大幅增加；城镇化率不高，大量农村地区基础设施相当落后；土地规模化经营将带来大量的投资要求；各类社会保障措施缺口较大；近两年来，大幅压缩公款消费的方向是正确的，但这部分消费缺口并没有通过增加居民消费和政府必要投资得到弥补。这些都可以通过适当增加政府支出，带动社会资本投资复苏，并促进消费水平与社会生活质量的提升。

货币政策仍存在较大空间。目前企业投资意愿不强有两个因素，一是对未来经济增长前景缺乏信心，下行预期进一步压抑投资需求，形成恶性循环；二是实际利率偏高，在企业利润增速持续降低的条件下借款意愿普遍下降。由于利率没有完全市场化，基准利率尤其是存款基准利率受到央行管制，较高的存款利率使贷款利率难以降低，在间接融资为主的金融结构下社会融资成本也居高难下。因此，实质性降低存款利率，给市场发出积极信号，才能有效改变这种趋势。同时，当前准备金率也到了调整的时机。处于历史高位的存款准备金率，严重制约了商业银行将货币供应转化成信贷资金的能力，导致了货币多与资金紧同时并存。现在已经到了需要降准的时间。

有人担心降息降准可能重蹈前次政策效应覆辙，而我们觉得当前经济环境已经今非昔比，不能简单推论。

第一，新增货币资金大幅流入政府融资平台的可能性不大。2009 年大规模刺激政策操作时，伴随各级政府发出的大量、限时注入贷款要求，而能够承接这种限时注入贷款的项目只有政府融资平台，加上地方政府的 GDP 考核导向，促使信贷投放溃堤式流向地方政府融资平台领域。当前中央政府和地方政府都不会再犯这种错误，银行也会十分审慎地选择信贷投放，加上新预算法对地方政府预算约束由软趋硬，不会再重蹈上次覆辙。

第二，资金也不会大量流入房地产领域。当前房地产市场正处于调整期，银行、房地产公司、购房者等市场参与主体行为更趋理性、审慎，不会出现大规模资金流入房地产的问题。

第三，适当宽松的货币供给和政府引导性投资也完全能够避免加剧产能过剩问题。对于大国经济而言，制造业的产业链条长，产业纵深大，对整个经济的辐射带动作用强，是整个国家经济持久繁荣稳定的基石。美国在危机后的国情咨文中强调经济恢复的基础是制造业、能源和科技，正在实施的再工业化就是要通过技术创新和制度创新打造科技领先、附加值高的制造业新领域。我国目前产能过剩的矛盾主要集中在低水平产品过剩，但高端的、高技术的精密性产品仍然严重不足。通过扶植先进技术并严格行业准入技术标准，引导资金更多投入过剩行业的技术改造，把落后产能调整为先进产能，可以从根本上解决所谓产能过剩问题。

中国经济继续下行的惯性还是存在，幻想通过强刺激回到过去高速增长老路是不可能的，但不切实际地强调"去杠杆""去产能""再平衡"等抑制需求的政策主张也是极其有害的，而积极主动的内需政策调整、向市场发出明确信号应该作为未来宏观经济政策的基本取向。

一、经济增速虽然不能代表经济发展的全局情况，但中国目前仍然需要保持一定的速度

经济发展不等同于社会发展，经济增速也不能真正体现经济发展的全面情况，但保持经济增速是提高经济发展水平、促进经济结构调整、保障社会全面协调发展的基石，没有增速就会面临更多的经济、社会问题，改革空间就会被大大挤压。从国际和历史经验看，经济增速下降本身并不可怕，怕的是经济增速的快速下滑或者频繁、剧烈波动，一旦这种情景出现，常常破坏市场信心，造成过多悲观预期，投资、消费趋于保守，失业问题、居民收入问题、财政问题、社会问题可能接踵而至，乃至发生恶性循环，形成经济发展"陷阱"，拖累一国长期停滞不前。因此，当前政府的主要任务之一仍然是要保经济稳定，保稳定根本上也是保信心。

从外需看，尽管金融危机"后遗症"频发，但已有迹象表明国际市场正在温和复苏之中。美国私人需求强劲，整体经济虽然处在小幅增长阶段，但增长范围广泛，消费信心和房地产投资升温，民间部门复苏，不确定性转小；日本经济在强力刺激政策推动下出现不确定性反弹，出乎预期；欧元区亦处于积极寻找摆脱衰退和财政困境的政策协调期；新兴经济体受到周期性和结构性因素双重制约，经济增长水平将不及过去几年，但预计增长率仍将高于发达经济体。尽管各个国家的经济结构矛盾仍未解决，制约了经济复苏水平，但初步展现的经济回暖势头及各国市场需求的稳步增长，必将给中国进出口贸易创造广阔的机会，也将拉动出口对 GDP 增长的贡献。需要注意的是，发达国家通常是中国的主要出口市场，而部分发展中国家既是中国的市场又是中国的竞争对手，当前发达国家相对较好而发展中国家相对羸弱的经济格局，有利于中国在出口恢复和国际经贸关系中处于更好的位置。

内需方面，国内市场远未饱和，新型工业化、信息化、城镇化和农业现代化向纵深推进，大量投资将发挥"稳增长"的关键作用；在居民收入提高和政策鼓励下，住房、汽车、耐用消费品、旅游等多个传统消费领域出现广阔市场空间，推动消费不断升级；随着人口老龄化、主要劳动人群更替和社会消费观念变化，养老、教育、消费金融、电子商务领域成为新兴消费热点，消费对拉动经济的影响继续提升。

伴随近年经济总量扩张，中国经济发展对原材料、能源等基础资源的需求大幅上升，并对外部资源形成依赖。全球金融危机之前，原材料、能源价格高速攀升，对国内众多企业生产成本形成直接冲击，并成为整个经济增长掣肘；金融危机后，由于世界范围内需求萎缩，基础资源重新定价，成本显著下降；同时，随着国内资源产出增加以及新能源开发、节能减排、资源综合利用的深度推进，短期内经济增长的资源约束趋缓，为中国经济的中长期发展提供了重要的历史机遇。

二、深刻理解投资的战略地位，防止"悬崖式"的调控

固定资产投资一直是我国经济增长的最重要推动力量，2010年以来对 GDP 增长的贡献在三驾马车中占比一直保持在 50% 上下。在目前国际经济缓慢复苏、经济增长的内生动力偏弱的背景下，中国经济增长想要稳定在合理区间，仍然需要适当规模的投资强度，对投资驱动力既不可过度依赖，但也不能盲目"去投资化"。应在逐步淘汰落后产能的基础上，对投资结构进一步优化，将投资增速稳定在 20%—25%，避免投资增速出现"悬崖式"跌落。

从我国目前的实际情况来看，仍然存在严重的基础设施不足问题。基础设施投资在国际上也成为经济增长战略的重要部分。美国近年来多次提到要建立基础设施银行；2013 年欧盟委员会通过了《绿色基础设施：提高欧洲的自然资本》的新战略；2013 年日本提出"新增长战略"，计划未来十年内将公共设施投资增加 50%。麦肯锡预计，全球基础设施投资在未来 18 年间要达到 57 万亿美元，中国仍将是全球最大的基础设施投资国。但历史经验也告诉我们，在投资发挥战略支撑作用时期，必须把握好政府与市场的关系，确立市场在资源配方面的决定性地位。一方面利用市场机制在淘汰落后产能过程中，倒逼相关企业尽快适应，主动推动企业转型升级；另一方面，转变政府职能，进一步下放行政审批权，降低政府对投资的主导作用，调动民营资本投资，尤其是要放开一些行业限制，

引导民间资本进入，激励民间资本活力。还要防止短期内在某一领域集中、过度投资，形成投资的低效和浪费，政府部门应将有限的投资投向那些有利于实现可持续增长、对经济拉动作用更为持久的基础领域和民生领域，重视引导非政府部门的投资方向，与政府投资形成互补。投资调控政策的重点要向支持科技创新和成果转化应用、支持产业转型升级、激发民营经济活力、推进城镇化建设和区域协同发展等倾斜。

第一，支持科技创新和成果转化应用。科技创新是解决经济发展诸多瓶颈的关键，应该将推进重大科技创新和成果转化应用作为投资政策的重点，政府和企业都应加大科技研发投入，并实现科技成果尽快投产，提升现有产业的技术水平，并催生新产业形成与发展，充分发挥"科技红利"对经济增长的贡献。参考美国奥巴马政府的做法——其在第一个预算方案中，将国家科学基金会、能源部科技办公室等重要机构的研究费用翻了一番，向企业技术研发提供税收减免 740 亿美元，并计划在未来 10 年将基础研究资助翻一番，这些措施虽然不像基建投资项目那样直接带动 GDP，但是保障了美国支柱产业（信息技术、高端制造、农业、医药、军工等）的长期核心竞争力，促使若干新兴产业领域（页岩气、3D 打印、新移动网络和移动媒体、环保设施、电动和无人驾驶汽车等）的产生。

第二，支持产业转型升级。发挥中国产业的后发优势，向发达国家借鉴吸收一流生产技术、服务和管理经验，并努力培养自主创新能力，提升产业发展水平。农业方面，推广现代化设施、工具和运营方式，加快发展现代农业，促进农业增产和农民增收。工业方面，积极推广信息化和流程优化管理，升级生产设备技术，提高生产率和资源利用率，减少低水平建设，引导淘汰落后产能，引导生产力的科学布局和产能的有序转移，大力发展节能环保产业，推广节能减排技术。金融服务业方面，应加快金融结构调整，提升金融服务实体经济的能力，重点发展直接融资、风险投资、战略投资等融资模式。

第三，激发民营投资活力。进一步完善民间投资政策措施，引导民间投资进入基础产业和支柱行业等领域，最大限度放开准入限制。继续强化对民营企业、小微企业的扶持，进一步明确财政金融政策。引导民营企业做优做强，形成品牌优势，培养核心企业，以大企业带动关联企业形成更有竞争力的产业集群。

第四，稳步推进城镇化和区域协同发展。以城市群建设投资为重心，促进大中小城市和小城镇合理分工、协同发展。围绕推进新型城镇化战略部署，合理安排国家投资方向，提升城市基础设施建设和管理水平，提高城市综合承载能力，保障城市运行安全，改善城市人居生态环境。引导投资和其他资源在土地综合整治、安置房建设、新城区建设、城镇棚户区和旧厂房改造、产业园区建设以及各类公共基础设施建设（交通、通信、水电煤暖）等领域的合理配置。

三、国民消费亟待升级，消费政策应进一步清晰

消费模式对社会经济可持续发展具有深远影响。

受收入水平、消费文化、贫富差距、社会保障体系等因素影响，我国居民不仅消费率较低，而且消费层次更低，并同步伴随着

畸形消费；相对于发达国家，我国公款消费在财政支出和公司成本中的占比较高，不仅挤占了财政支出中本应该提供给居民的公共服务空间，也带来了中国消费市场"未富先奢侈"的畸形发展，并对居民消费形成了一定的挤出效应；消费浪费虽然也可以拉动 GDP，但无法提供经济发展的持续动力——消费提升的人力资本。

第一，大力发展教育消费。随着中国经济、社会发展，产业界对劳动者素质、能力的要求不断提高，公民群体也自发产生了丰富阅历、开阔视野、增强个人素养的深造需求，由此催生大量潜在的教育消费需求。教育消费政策的重点不应是扩充基础教育、高等教育附带的收费服务（如中小学的课外课程），而是重点面向有收入人群提供职业教育、文化和技能培训，引导主动消费，确保消费的质量和体验。引导教育消费的目的不仅仅是创造消费需求，更重要的是通过提高人群素质、能力，提高劳动生产率，进一步促进经济持续发展。

第二，大力发展养老产业。人口老龄化是当前中国社会的重要特征，与养老相关的消费内容广泛，潜力巨大。养老消费政策的重点可包括：引导建立养老服务社会化体系；针对居家养老的普遍情况，促进社区医疗、陪伴、护理、家政、送餐服务体系的建立；推进集中养老机构的建设，提高养老机构服务的专业性，加快对专业养老服务人员队伍的培养建设；引导金融机构创新与养老相关的保险、投资、资金计划等金融服务安排。

第三，大力发展医疗事业。"就医难"问题从侧面反映了医疗产业需求与供给间的巨大矛盾。社会医疗相关消费（就医、买药、保健、购买医疗设备、配套医护服务等）空间广阔，随着老龄化社会到来和居民对健康标准的提升，这一消费也随之快速增长。医疗消费政策的重点可包括：完善医疗保险体制，扩大医保覆盖范围，创新补充医疗保险模式，解除居民就医的后顾之忧；完善基本药物制度，试行医药分开，确保一般疾病用药价格能为多数居民接受；继续扩充医院建设和医务人员队伍建设，允许更多民营医院投入运营；推广医院集团化管理模式，引导优质医疗资源惠及百姓；加强对医务人员的道德教育和专业培养，建立缓解医患矛盾的机制，不断提升医疗服务的水平。

第四，鼓励完善电商、物流、信息服务，培养新兴消费市场。随着互联网基础设施完备和网络技能、文化的传播，与网络信息密切相关的消费呈现快速发展势头。特别是随着近年虚拟信息环境与市场实体产品、物流服务密切结合，形成新的批发零售业态。伴随消费者群体的快速膨胀，新业态可能取代传统实体卖场等业态，成为实现消费的主要渠道。为此，有必要通过消费政策引导电商产业继续快速发展，并加强对电商等虚拟经济商户、物流和信息服务等配套商户的科学管制，提高从业人员诚信水平和执业能力，丰富产品服务内容，确保产品服务质量，促进居民放心消费。同时，将信息消费上升到战略高度。随着移动互联、第四代移动通信技术普及、大数据技术的发展，信息对社会呈现全方面影响，例如企业利用信息技术发现新市场，个人信息消费在重塑生活行为、增强国民素质方面发挥了前所未有的作用。国家已经将信息消费上升为国家战略，我们应积极培育信息消费市场，在新一轮国际竞争中保持领先优势。

四、财政政策应更积极，货币政策既要稳健又要适时适度宽松

与国际上主要经济体比较，目前中国货币相对稳定，财政收支基本平衡，产业和银行业体系基本健康，为出台各项新的经济促进政策提供了空间。货币政策方面，由于中国通胀率长期位于安全区间，不必因通胀与增长的矛盾而过度审慎。财政政策方面，中央财政长期盈余，地方财政虽有债务不断增加的隐忧，但随着对地方政府举债的规范和约束，债务负担基本可控。由于经济增长已经步入新的通道，中国应充分利用这一优势，对财政货币政策作出相应调整，既要在总体上保持稳健，又要适应经济增长的新的阶段性特点，突出政策重心，明晰政策指向，形成合理的政策预期。

一方面，在应对经济持续下行的所谓衰退管理中，财政政策应该发挥更重要、更积极的作用。总的取向是"总量减税增支、适当扩大赤字、调整减税与支出重心"。

加快健全以税收、社会保障、转移支付为主要手段的再分配调节机制，逐步形成合理的收入分配制度，减轻工薪阶层个税负担。

财政支出要不断向社保、公共卫生、教育等民生领域倾斜，扩大社会保障覆盖面，重点关注农民工和低收入群体社会保障情况，建立全国统一的城乡居民基本养老保险制度，稳定消费者预期，提高居民消费能力。尤其要重视的是中国经济的贫富差距问题，如果社会贫富两极分化加速，将会使消费、进而使经济增长失去动力，很多陷入"中等收入陷阱"的国家在人均收入超过 5000 美元后容易出现这个问题，例如拉美国家中产阶级丧失、收入分配恶化等。

2013 年中国的基尼系数达 0.473，处于"收入差距较大"的区间上半段，要引起高度重视。

加大对铁路、保障房、棚户区改造等涉及社会保障、节能环保和公共服务相关领域的投入，保持投资合理增长。

与此同时，货币政策也要在保持长期稳健趋势的基础上，根据市场变化适时适度宽松化。

将支持实体经济发展作为货币政策的重要目标，盘活存量货币，严格限制货币在金融同业间"空转"，促进房地产和地方融资平台稳步"去杠杆化"，在此基础上引导银行等金融机构降低杠杆，降低社会资金边际价格，引导资金流向实体经济，重点是扶持创新能力较强的中小微企业发展。

重视日益明显的 CPI、PPI 变化趋势，注意防范通货紧缩风险。长期以来，通货紧缩的可能和危害往往被人们轻视，但国际经验和历史教训告诉我们，通货紧缩带来的经济损害和金融风险同样是灾难性的。货币政策既要考虑币值稳定，还要充分考虑经济增长与就业，非常规的货币量化政策在一段时间内可以成为常态，不应以恢复所谓的常态为工作目标，降息降准也应该是积极研究的政策选项。

注：

① 2014 年年末，我在中国金融学会的一个论坛上梳理了一些具有争议的通货紧缩判断方法。进入 2015 年春节以后，随着宏观经济数据陆续发布，通货紧缩再次成为社会各界讨论的热点经济问题。为此，我感觉有必要从理论和实证分析的角度，对通货紧缩问题尤其是中国面临通缩

的风险进行深入观察。

②　2014 年年底是中国宏观经济政策选择的战略性时间窗口。尽管当时各界对经济形势判断和政策诉求的差异很大，但决策层还是毅然作出了决断。这篇报告反映了我当时的看法与建议。

第八章

经济运行步入新通道，战略布局应有新思维

　　2012 年以后，中国经济度过了剧烈震荡期，步入了虽有一定下行压力但仍保持 7% 左右、运行基本平稳的新常态。回顾几年来的社会经济心态变化，在 2012—2013 年，社会各界对于新常态充满着期待，2014 年开始狐疑，2015 年以后则充满着焦虑，中国经济似乎进入了改革开放以来最为复杂的时期。认识分歧叠加政策效应递减，导致悲观情绪蔓延。怎样观察今日中国经济？传统的观察方法和经验数据都无法准确刻画真实的中国经济。我认为，客观解读中国经济必须把握"变化"这一根本特征，经济增速存在下行压力但并没有破位，经历全球金融危机震荡之后连续四年平稳运行在 6.5%—8.5% 的区间，经济结构和质量还出现了升级迹象；但这种态势能否持续下去，或者说通过宏观经济政策的积极作为将这种态势的持续时间尽可能拉长，仍然存在着不确定性；未来经济战略布局应该是把握住经济运行态势，在努力延长新通道运行期间的同时，透过积极填补经济短板，实现经济升级。

一、观察中国经济必须把握"变化"这一根本特征

探寻真实的中国经济，必须把握"变化"这一根本特征。中国经济的问题源自"变化"，中国经济的进步来自"变化"，中国经济的战略思维也必须"变化"。我们在实践中感受到，2012 年以来中国经济运行至少在以下几个方面发生了明显变化：持续横向运行轨道、波动收敛趋势、结构变化驱动经济升级、质量与效率的惊人革命、空前的政策外溢影响。

透过经济运行轨道观察经济走势，是一种比较实用的分析方法。观察中国经济增长轨迹，近年来已发生明显的趋势性变化，从金融危机之前连续上升趋势、金融危机时期大幅波动进入到目前较为稳定的中高速增长区间[①]运行。数据分析显示，1999—2007年中国经济增速保持在上升通道，时间达 36 个季度。随着金融危机带来国际经济环境的剧烈变动，中国经济增长在 2008—2011 年间也经历了较大波动。从 2012 年开始，中国经济运行发生明显变化，经济增速虽然有一定的下行压力，但始终平稳运行在 6.5%—8.5%的区间，形成了一个新的增长通道。预计未来中国经济增速也不会发生破位性变化，继续呈现相对平稳运行态势，也就是说大起大落、剧烈变化的概率很小。我们应摆脱借助某个英文字母象形表述经济走势的思维习惯。尤其是金融危机以来，主要宏观经济指标都经历了剧烈波动到逐步收敛的发展变化过程，尽管目前仍有下行压力，但趋于稳定的迹象已比较明显。2012 年第二季度至 2016年第一季度，GDP 增速始终运行在 6.5%—8.5%狭小区间内，应

该说这是中国经济运行最为稳定的时期，在国际上也是不多见的。固定资产投资增速经历较大波动之后自 2015 年 8 月份以来稳定在 10%—10.9%区间内，消费增速则自 2015 年 2 月份以来就稳定在 10.2%—10.8%区间内，外贸波动也呈逐步收窄之势。

深入结构观察，不难发现区域性行业性"好""坏"并存，表明产业结构发生深刻变化，有些行业出现困难甚至萎缩并不是"坏事"，经济转型升级明显加快。一是期盼的正在形成。消费对经济增长的主导促进作用不断增强，2015 年，消费支出对 GDP 增长贡献率达到 66.4%，成为经济增长主要驱动力。第三产业成为国民经济第一大产业，2015 年，第三产业在国民经济中的比重首次超过 50%，对经济增长的贡献率达到 57.7%，2016 年第一季度，第三产业占 GDP 比重为 56.9%，高于第二产业 19.4 个百分点。传统行业通过优化资源配置实现转型，新行业、新产品、新业态、新动能等支撑引领作用不断凸显。高技术产业快速成长，装备制造业成为工业中最大行业，智能制造成为领军创新驱动的新引擎。2016 年第一季度，高技术产业、装备制造业、消费品制造业利润总额分别同比增长 26.5%、12.7%、8.4%，均高于全部规模以上工业利润 7.4%的总体增长水平。符合转型升级方向的行业利润快速增长。二是不想要的正在萎缩。在"去产能、去库存、去杠杆、降成本、补短板"供给侧结构性改革中，过剩产能、低端产能、落后产能、高耗能、高污染产业等增速明显回落，不断退出市场化解重组。2013 年至 2015 年，六大高耗能行业增加值在工业中的比重逐步下降为 28.9%、28.4%和 27.8%，2016 年 1—4 月，进一步下降至 27.7%，黑色金属冶炼和压延加工业生产同比增长 2.5%，显著低于上年 5.4% 的增长水平，原煤、生铁、粗钢累计产量同比分别下降 6.8%、3.7% 和 2.3%，均呈下降态势。三是市场力量正在增强。政府大力推行市场化改革，加大简政放权力度，大规模减少审批事项，规范投资范围和方式，不断退出竞争领域，在资源配置中的地位和作用正在淡化，市场在资源配置中的决定性作用进一步发挥，极大激发了市场主体活力，特别是中小企业活力。但也出现了宏观部门还不适应，"为官不为"，政府职能缺位、越位、错位等问题。四是梦寐以求的经济增长方式转换开始显现。由粗放型增长转变到集约型增长，GDP 能耗不断降低，劳动生产率提高，GDP 能耗还呈现加速下降之势。2013 年，万元国内生产总值能耗比上年下降 3.7%，2014 年下降 4.8%，2015 年同比下降 5.6%，万元工业增加值用水量同比下降 3.9%，全年全员劳动生产率为 7.7 万元 /人（按 2010 年价格），比上年提高 6.6%。五是社保、医疗、环保等经济社会各方面都在改善优化。教育、文化体育与传媒、医疗卫生、城乡社区事务等民生领域的财政支出增速逐年在提高。2013 年教育、医疗卫生与计划生育领域财政支出同比增长分别为 3%、13.3%，2015 年分别上升至 8.4%、17.1%，2016 年第一季度，教育领域财政支出同比增长加快 14.7 个百分点。社会保障网进一步扩大完善。2013 年年末，城乡居民基本养老保险、医疗保险人数分别为 4.98 亿、5.73 亿人，2015 年年末分别增长至 5.05 亿、6.66 亿人。生态环境明显改善。化学需氧量、二氧化硫、氮氧化物等主要污染物排放量大幅下降，2013 年，74 个重点城市空气达标天数比例为 60.5%，2015 年上升至 71.2%。

分析发现，当前 7% 左右的增速产生了更大效益。虽然经济增速从 10% 以上的水平下降到 7% 左右，但由于产业结构优化，居民收入水平较快增长，社会财富积累效应增加得更快。从统计局公布的数据看，城镇居民的不动产、金融资产规模在快速扩大。以同等口径分析，当前居民财务的积累速度比过去还要高一些。2012 年，居民房地产、金融资产分别为 105.8 万亿、76.2 万亿元，2014 年分别增长到 136.5 万亿、103.2 万亿元。不仅如此，虽然货币计价表现的进口增速萎缩，但由于大宗商品、铁矿石、能源等价格大幅下降，进口的实物数量仍然保持在较高水平，相当于以较低的价格进口了更多的资源产品，更有利于社会财富的积累。也就是说，目前 7% 左右经济增速的价值含量远高于过去 8% 的时期。

二、6.5%—8.5% 的经济增长通道能否确认

从 2012 年至今（2016 年），中国经济增长虽然较为平稳，但下行压力是客观存在的。特别是 2015 年下半年，经济增速趋缓伴随股市与汇市剧烈波动、货币多与资金紧并存、政策迟钝与效应衰减，各界对于中国未来的经济走势争议很大。解读数据发现，2012—2015 年经济增长运行在 6.5%—8.5% 的区间已经被统计确认，中期（2011—2020 年）经济增长出现无支撑破位下行，滑出 6.5%—8.5% 运行区间的可能性不大，进入经济衰退（负增长）通道的概率几乎为零。深入观察当前经济，底部支撑特点十分明显，尤其是进入 21 世纪以来更是如此。这是中国经济与西方经济的不同之处。除了发生外部战争、内部大规模或长时期社会动乱，中国经济或许低增长，但很少负增长。中国经济增长具备底部支撑，不

会出现经济衰退（负增长）的要件。一方面，大国经济结构本身存在一个底部支撑。依据改革开放 30 多年来 GDP 总量变化的历史轨迹，虽然季度波动较大，但年度跌破 6.5% 的概率较小，重要原因之一是大国经济的结构性支撑。一是中国地域广阔，人口众多，第一产业形成了稳定性支撑。二是中国成为国际公认的工业产业门类最齐全的国家，拥有 3 大门类、41 个大类、700 多个小类的工业体系，第二产业的结构稳定性较强。三是经济水平提升使得第三产业快速发展，不仅增强了经济活力，而且迈入中高收入台阶的 13 亿人口消费与服务需求将支撑第三产业稳定增长。另一方面，经济结构调整形成了新的底部支撑。自改革开放以来，中国三大产业占 GDP 的比重不断调整，分别经历了从农业大国向工业大国，从工业主导向服务业主导两次重大产业调整。进入 21 世纪以来，第一产业占比趋向稳定，第二产业一直发挥着支柱作用，于 2006 年达到了工业化的高峰，之后占比逐年下降，而第三产业占比开始稳步上升，2013 年超过第二产业（1985 年超过第一产业），成为目前经济结构的第一大产业。与此同时，非工业基本稳定，工业调整接近"死库容"。GDP 增量结构变化的重要贡献因素是工业占比下降，直接拉低经济增速，其他部分基本稳定，甚至是正向贡献（例如金融、服务）。2012 年，工业对 GDP 增长贡献率为 40.6%，2015 年下降到 30.4%，下降 10.2 个百分点，同期服务业对经济增长贡献率上升 12.3 个百分点。按照目前非工业稳定规律和服务业发展态势，即使工业零增长，也不会出现经济总量萎缩，况且工业增速下行接近"死库容"。我们注意到，工业构成中，行业结构也出现明显分化走势。与日常消费相关的行业，如电力热力及水生产的周期波动较低，持续稳定，以计算机、通信和其他电子设备制造业为代表的高技术制造业快速发展，从 2013 年至 2015 年，高技术产业增加值占工业的比重上升 2 个百分点，而以黑色金属冶炼及压延加工业为代表的六大高耗能行业下降 1.1 个百分点，采矿业下降近 4 个百分点，显示工业运行质量不断提升，企稳基础逐步夯实，对经济增长形成积极支撑。

力争经济运行持续保持在 6.5%—8.5%区间，既是一种理想状态，而且也有可能。中国经济增长能否持续保持在 6.5%—8.5%区间，不仅要考虑供给结构支撑，更要分析有效需求支持程度。其一，从全球经济走势看，危机发源地的美国经济已经基本恢复，呈现稳健上行走势，欧盟和日本经济增长虽然仍较曲折波动，但筑底迹象日渐明显，新兴经济体也基本上度过了最困难的时期，全球经济逐步向好对中国经济形成有利支撑。其二，从国内经济转型进展看，在"创新、协调、绿色、开放、共享"发展理念引领下，提质、增效、升级的"双中高"经济转型方向确立，新旧增长动能不断加速转换，新经济、内需对经济增长作用不断增强。其三，从行业数据分析来看，真正意义的过剩行业去产能对工业增加值增速的影响不到 1 个百分点，按照 2015 年工业占 GDP 比重的 30.4%，去产能 10%大致影响 GDP 增速 0.27—0.41 个百分点。过剩行业去产能至正常状态（80%利用率），对 GDP 的影响不会超过 0.5 个百分点。如果分三至五年实现去产能目标，或内外需求提前复苏，则影响更小。其四，从金融发展状况来看，金融危机的影响已经持续八年，脱离实体的虚拟金融失控和资产泡沫等危机动能大幅衰减[②]，金融结构（尤其是直接融资与间接融资的比例、多层次资本市场建设）

正在发生积极变化，国民储蓄向国民投资转化的途径、机制更加顺畅、有效。

因此，鉴于全球经济回暖和国内经济转型发展趋势，对中国未来的经济发展，没有理由过度悲观。2012 年以来，经济增长已连续多个季度运行在 6.5%—8.5% 的区间，这表明经济运行态势与宏观经济政策期待是一致的；在 6.5%—8.5% 的经济增速区间，市场驱动经济结构实现主动调整，证明这个区间也是实现经济升级目标的"宜居环境"。

三、努力使中国经济在既定轨道里运行更长时间是战略需求

从国际经验看，在跨越中等收入陷阱的关键时期，经济增速的快速下滑或大幅波动会破坏市场信心，造成悲观预期，投资、消费趋于保守，失业问题、财政问题、社会问题可能接踵而至，改革空间被大大挤压，形成经济发展"陷阱"。保持一定的平稳的经济增速是提高经济发展水平、促进经济结构调整、保障社会全面协调发展的重要条件。即使从数据上直观地分析，也是如此。

根据世行 2013 年新标准，人均 GDP 低于 1 035 美元为低收入国家；人均 GDP 为 1 035—4 085 美元为中等偏下收入国家；人均 GDP 为 4 085—12 616 美元为中等偏上收入国家；人均 GDP 不低于 12 616 美元为高收入国家。应该说，这一分类标准是被广泛认可的。然而我觉得从人均 GDP 4 085 美元到 12 616 美元的跨度过大，应该进一步区分：4 085—8 350 美元为中等中间收入国家，8 350—12 616 美元为中等偏上收入国家。经济观察史表明，一个国家（尤

其是人口超过 1 亿）从中等偏下收入国家进入中等中间收入国家比较容易，从中等中间收入国家进入中等偏上收入国家也不是太难，难就难在从中等偏上收入国家最终跻身高收入行列。落入"中等收入陷阱"的国家，主要发生在中等偏上收入阶段。我国于 1997 年前后告别低收入来到中等收入阶段，2013 年人均国民收入达到 6 560 美元，2016 年预计进入真正意义上的中等偏上收入国家行列。这就意味着对中国的考验还没有真正到来，但 2015 年、2016 年我们已经实际感受到了巨大压力。

对于中国而言，最终跻身并屹立于高收入国家行列，关键在于经济增长保持在 6.5%—8.5% 的通道里运行足够长的时间。简单测算之后不难发现，即使维持人口规模不变，世行的高收入国家标准（12 616 美元）也不变，按照年均 7% 增速预计到 2023 年才能迈进高收入国家的门槛；如果经济增速低于 7%，很难说清楚什么时候可以跨越高收入国家的最低门槛。实际上，跨越最低门槛并不意味着就是高收入国家。考虑到经济周期波动等因素，晋升高收入国家行列之后不被重新降级为中等收入国家，人均 GDP 至少应达到 20 000 美元以上，按照前述 7% 速度、汇率与人口规模不变来测算标准，大约在 2031 年之后才能实现。从国际经验来看，一个大型经济体以这样的时间长度晋级高收入国家，存在外部环境方面的很多不确定性，而如果速度再下滑，则可能出现较大的落入"中等收入陷阱"的风险。对于中国而言，速度目标是战略目标，速度需求也是战略需求。从国际上的经验教训看，在跨越中等收入陷阱的关键时期，保持一定的经济增速是必要的。日本在 20 世纪 50 年代中后期进入中等收入阶段后，在随后的 20 年间，通过贸易立国、科技立国、国民收入倍增计划、构建社会保障体系等战略，推进经济结构调整、产业升级以及增长方式转变，经济增长不仅没有减速，相反还在提速，直至进入到高等收入国家行列，成功跨越"中等收入陷阱"。韩国亦是如此，甚至韩国在进入高收入国家行列，经济仍维持了一段时间8%左右的高速增长。相反，拉美、东南亚国家和地区进入中等收入国家后，经济增长过早地出现"刹车"，导致长时期陷入"中等收入陷阱"而难以自拔。如巴西在1968—1974年维持了年均11%的高速增长后，1975年前后成为中等收入国家，但1981—2000年GDP年均增速仅有2.1%，进入21世纪以后伴随着经济剧烈波动，经济运行一直在"中等收入陷阱"里挣扎。

从中国经济现实与长远战略来看，经济长期低速运行并伴随着大幅波动，绝对不是一件无足轻重的小事情。一旦市场信心被破坏，就会造成悲观预期，投资、消费趋于保守，失业问题、财政问题、社会问题可能接踵而至，改革空间被大大挤压，形成经济发展"陷阱"。保持一定水平的经济增速是实现经济结构调整和经济升级、保障社会全面协调发展、提升综合国力和国际竞争力的重要条件。

四、中国经济增长的传统模式还有空间，不能放弃；消费驱动型经济模式的空间刚刚打开，应加速培养

2012年以来，中国经济调整、转型、升级特征日趋明显。在传统产业、旧动力调整衰减、优化升级的同时，大量新产业、新业态和新动力不断涌现，可谓低迷中有繁荣。我们认为，新旧动力的

转换过程可能伴随一定的经济下行压力，但同时增长空间也蕴于经济结构调整与优化升级之中，中国传统经济增长空间仍然巨大，而新经济增长空间才刚刚开启。

首先，基础设施仍然存在"补短板"需求。近年来，基础设施投资增速较快，明显高于房地产开发和制造业投资增速。基础设施投资主要集中在中西部铁路、农村道路、城市地下管网、污染治理、农田水利等方面，这些项目的建成将对提高基础设施服务水平、改善民生发挥巨大作用。伴随国家新型城镇化建设中大量城镇将升格为中小城市，"一带一路""京津冀一体化"、"长江经济带"等战略实施等，基建投资需求前景广阔。根据全球基础设施中心(GIH) 的测算，到 2030 年全球基础设施投资市场将存在 10 万亿至 20 万亿美元的投资缺口，将为中国基建产能输出、带动相关投资提供巨大平台。

环保投资一直是经济投资"短板"。"十一五"期间，全国环保投资仅为 2.2 万亿元，"十二五"期间升至 4.1 万亿元，但远远跟不上社会经济发展需求。为实现应对气候变化的国家自主贡献方案(INDC) 目标，中国从 2016 年到 2030 年将投入 30 万亿元人民币，"十三五"期间环保投资将达到 10 万亿元左右。2015 年中国生态保护和环境治理业投资增速高达 24.4%，2016 年在投资整体下滑的背景下仍然显示了良好的增长势头。

其次，技术升级改造的投资需求空间巨大。当前中国装备工业增加值率低于发达国家平均水平 6—8 个百分点，而与此对应的则是技术更新改造投资增长缓慢。2015 年，全国新建和技术改造类固定资产投资占总投资额的比重为 14.6%，比 2010 年提高不到

1个百分点。虽然研发经费投入持续上升（2014 年占 GDP 比例为
2.05%），已达到中等发达国家投入强度水平，但与美国等发达国
家 3%—4%的水平仍有很大的差距，未来投资需求空间巨大。而
从实际情况来看，2016 年以来，尽管工业投资增速继续下滑，但
工业技改投资增长较快，占工业投资比重持续上升。2016 年 1—
4 月份，工业技术改造投资增长 15.4%，比全部工业投资增速高
8.5 个百分点，占全部工业投资的比重为 39.8%，比 2015 年同期
提高 2.9 个百分点。其中，制造业技术改造投资增长 15.8%，比全
部制造业投资增速高 9.8 个百分点，占全部制造业投资的比重为
42.9%，比 2015 年同期提高 3.6 个百分点。如果未来技术改造投资
需求保持较高增速，将成为促进传统产业转型升级的重要支撑。随
着经济转型升级加快，高技术产业投资呈现快速增长态势。2016
年 1—4 月份，高技术产业投资增长 15.1%，比全部投资增速高 4.6
个百分点。其中，高技术制造业投资增长 14.9%，比全部制造业投
资增速高 8.9 个百分点；高技术服务业投资增长 15.5%，比全部服
务业投资增速高 3.1 个百分点。尽管当前高技术产业投资总量不大、
比重较低，但快速增长态势符合经济转型升级的要求。尤其是，在
当前传统产业产能过剩、增长乏力的情况下，高技术产业投资快速
增长有利于培育新的经济增长点，减缓传统产业投资下滑影响。

其三，消费需求空间巨大，新兴消费蓬勃兴起。2013 年以来，
新兴消费业态快速发展，消费结构不断优化，消费升级类商品和
服务不断涌现。2015 年，最终消费支出对 GDP 增长贡献率超过
60%，对经济增长拉动作用显著增强。随着促进消费的条件更为成
熟，消费需求空间将不断拓展，消费对稳定经济增速、优化经济结

构的作用将更为明显。

中国 13 亿多人口规模、人均 GDP 8 000 美元经济水平带来的消费力量，在世界经济大国中是独一无二的。目前一线城市居民的消费需求结构已经接近发达经济国家，二三线城市正在向一线城市靠拢，农民消费需求结构日益城市化。数据表明，中国年均收入 10 万元以上的富裕家庭呈现快速增长态势，资产 1 000 万元的富人阶层也不断涌现。中国居民家庭恩格尔系数已降至 30%—40%，根据联合国标准，已属于相对富裕国家行列，居民消费开始由"享受型"向"休闲型"阶段转变，消费需求结构与档次已基本接近发达国家水平。中国消费领域的上述阶段性变化加之庞大的人口规模，将推动整体消费能力持续提升。中国已超越美国，成为全球第一大汽车消费市场，家庭汽车拥有量进入快速增长阶段；作为全球智能手机用户最多的国家，自 2012 年以来中国居民数据流量使用的增速达到三位数；居民旅游消费需求连年持续高速扩张，出游方式趋于多样化；文体娱乐消费增速居全球前列，2015 年电影票房收入达 68 亿美元，增长近 50%，增速居全球前列，2016 年 1—4 月份，限额以上单位体育娱乐用品类商品同比增长 17.1%，明显高于消费平均增速。中国已成为全球最大的网络零售经济体，2010 年线上购物还只占个人消费总额的 3%，当前占比已达 15% 以上。2016 年 1—4 月份，全国实物商品网上零售额同比增长 25.6%，增速高于社会消费品零售总额增速 15.3 个百分点，对社会消费品零售总额增速的拉动约 2.5 个百分点。新产品不断涌现，高端电子信息产品和智能化、自动化设备等产销量迅速增长，2016 年 1—4 月，新能源汽车产量同比增长 92.5%，运动型多用途乘用车（SUV）增长

47.3%，智能电视增长 25%，智能手机增长 10.8%，新能源汽车销售同比增长 131.1%，其中纯电动汽车销售增长 171.2%，4 月份则分别同比增长 190.6%和 243.8%。

居民部门杠杆率较低，储蓄水平较高，为消费发展与升级提供支持。目前，中国居民部门杠杆率还不到 40%，与美国、英国、澳大利亚、日本等国 70%以上的杠杆率相比差距甚大，而储蓄水平较高，提高居民部门杠杆率促进居民消费升级前景良好。政府相关部门出台《关于加大对新消费领域金融支持的指导意见》，加快推进消费金融组织发展，鼓励消费金融公司针对细分市场提供特色服务，加大对养老家政、健康医疗、绿色消费、文体教育、农村消费、支付服务等新消费重点领域的金融支持，将对居民消费发展和升级起到重要促进作用。

其四，国际市场需求仍然较大，不一定悲观。近年来，中国进出口贸易整体延续同比下滑态势，近期呈现回稳势头。与此同时，外贸发展结构持续优化，转型升级在加快，对国际市场需求前景不必过于悲观。随着金融危机影响逐步消除，全球经济缓慢复苏，中国外贸环境也将得到改善，为对外贸易增长创造支撑。而由于出口竞争力的提升，中国出口在全球中的占比不降反升。2015 年，中国出口占到到全球总量的 13.8%，比上年上升 1.5 个百分点，比 2010 年上升 3.5 个百分点。高附加值出口快速增长，中高端产品出口占据主导，低端产品出口占比显著下降，一般贸易占比上升，加工贸易占比下降。2015 年，高技术产品出口占到中国出口总额的 28.8%，比上年增长 0.4%，一般贸易占到进出口总额的 54%。2016 年 1—4 月，高技术产品出口占比上升至近 30%，一般贸易占同期进出口总额的 56%，比第一季度提高 1 个百分点，比 2015 年同期提升近 1.6 个百分点，加工贸易占比不断下降。

还应该看到，中国基础设施建设能力在全球具有绝对竞争优势，国际经贸关系不必拘泥于商品出口市场，实施"中高端"战略可以降低国际贸易摩擦，带动国际贸易需求。中国是全球基础设施建设大国，基础设施建设能力位居全球前列，具有强大的国际竞争优势，全球基础设施建设巨大需求将带动中国相关对外贸易和投资发展。虽然 TPP、地缘政治等因素一定程度上影响到中国对外经贸关系，但如果积极推进双边和多变贸易发展，更积极地参与全球经济贸易规则的谈判与制定，最大限度地双向开放非敏感市场，促进贸易与投资增长，实施差别化区域经济贸易战略，所谓的国际市场约束并没有想象的严峻。作为全球最大贸易体，美国经济恢复无法屏蔽中国分享红利，中欧经济互补也将不断增强。随着美国和欧洲等主要经济体的逐渐复苏，中国出口也会逐步恢复和重振，面临新的发展机遇。中国 2013 年以来提出的"中高端"战略是十分明智的。"中高端"战略既符合中国经济能力，又有巨大的市场需求，不仅新兴经济体对于中高端产品有着需求巨大，受制于绝对成本与相对成本原因，发达国家对于中高端产品也有大量需求。中国应坚定实施中高端战略，既错开了与欧美日本等发达经济体的高端竞争，而且开放高端市场增强对欧美日的吸引力；又错开了与新兴经济体的低端竞争，有助于不断加强与东南亚、非洲、拉美等新兴经济体的经贸合作。

最后，中国经济升级的首要任务是补短板。仔细梳理当前经济问题，表面上是"过剩"矛盾突出，例如产能过剩、M_2 过多、杠杆率过高、企业亏损不断增加，宏观经济政策的关键词似乎应该是"刺激需求"或者"减降供给"。然而，表面"过剩"的背后掩盖着大量的结构性矛盾，低端落后产能过剩与高端先进产能不足，尤其是高端先进产能领域里"核心技术短缺"，因而宏观上的总量刺激政策会加剧低端过剩的矛盾积累，简单减降过剩产能也无法消除亟待弥补的"短缺"。比较而言，简单的总量刺激或简单的减降供给，在政策层面都是比较容易操作的，但提升高端先进产能与消除核心技术短缺，在政策设计与操作上则是比较复杂困难的。相对而言，以"提升高端先进产能与消除核心技术短缺"为目标的"补短板"政策更具有战略意义、紧迫性和针对性。在实施"补短板"战略过程中，制定针对性的税收政策、财政补贴支出政策以至于政府主动投资政策，是整个宏观经济政策的核心。当然，启动投资手段要特别注重投资方式和投资方向，应集中于技术升级以及产业结构升级，防止无效投资。鼓励民间投资、万众创业与万众创新是激活市场的重要途径，但国家层面重大技术集中攻关、行业性技术升级规划，产品层面的国家标准制定与监管到位，政策层面的人才引进与激励机制，资本层面多元化、多层次市场建设等，更具有战略意义。对此，决策层应有充分认识和坚定的决心。

附：

中国经济结构性变化的数据解读与实证分析[*]

始于 2007 年美国次贷危机、爆发于 2008 年的全球金融危机，可能是世界经济发展史上影响最为深远的金融危机之一，全球经济迄今仍未摆脱危机阴影。其间，中国经济也经过短暂剧烈波动（2008—2011 年）之后进入了漫长的横向盘整期（2012 年以后），尤其是盘整过程中出现了 2012 年经济增长跌破 8% 的"新世纪的习惯保底线"，2015 年经济增长击穿 7% 的"社会心理底线"，市场上弥漫着"悲观"情绪。笔者认为观察经济形势既要看 GDP 增速变化态势，还要看这种增长速度是由什么力量推动的，由什么增长结构组成的，这种经济结构变化是否反映经济发展趋势，是否更有效率、更可持续、更有长远优势。2015 年以来的数据表明，中国经济已经步入结构调整轨道，虽然经济结构调整带来阵痛是不可避免的，但是借助市场化的"重组升级"策略和政府托底的"再就业计划"可以减轻结构转换痛苦。最先受到金融危机冲击的东部地区正在走出阴影，以杭州为代表的区域产业升级趋势正在确立；青岛为传统制造业基地实现结构转换提供了可借鉴的经济升级模式。在产

---

* 《金融论坛》2016 年第 5 期署名文章。

业结构升级中我们需要前瞻性地防止"好商品也卖不出去"的经济萎缩风险。

一、宏观经济运行中"好"与"坏"并存，表明中国经济已经步入结构调整轨道

分析中国经济，大家都会关注 GDP、工业增加值、固定资产投资、社会消费品零售总额、物价指数（CPI、PPI）、外贸（进口、出口）、金融（M_2、新增贷款、社会融资规模）等主要经济金融指标。依据传统经验与观察标准，这些指标的时点数据与过往轨迹都不好看。

然而，研究观察发现，当下的中国经济很难用"好"与"坏"来概括，如果我们能够透过结构性变化来观察，所谓的"好"与"坏"都是存在的，而且"好"不一定是真正的好，"坏"也不一定是真正的坏，关键看我们期待的是否发生、趋势是否形成。因此，深入经济结构层面、从不同角度揭示相关经济指标的变化背景以及这种变化是否为我们所期待，可能会更加客观地描述中国经济现状。

首先，刻画中国经济既可以从需求端入手，也可以从供给端入手。但近年来无论是需求端还是供给端，推动经济增长的主要因素都发生了引人注目的转变，使中国经济增长呈现出与以往不同的特征。在需求端，消费替代投资成为拉动经济增长的主要需求因素；在供给端，第三产业替代第二产业成为经济增长贡献最大的产业。拉动 GDP 增长的三驾马车中，消费成为最大动力，对 GDP 的贡献率已经超过 60%。21 世纪以来，中国经济增长驱动模式呈现为"三

段式"：金融危机之前以出口与投资拉动为主；危机应对期间主要靠投资拉动；近年来投资拉动再次让位于消费驱动。2015 年中国社会消费品零售总额达到 30.1 万亿元，同比增长 10.7%，消费对经济增长的贡献率达到 66.4%，比 2014 年提高了 15.4 个百分点，成为经济增长的主要拉动力。近年来，工业对经济增长的贡献逐渐下滑，服务业贡献则不断上升，成为拉动经济增长的主要动力。2012 年第一季度工业对 GDP 的贡献率为 48.8%，到 2015 年第四季度下降到 30.4%；与此同时，服务业对 GDP 的贡献不断上升，2012 年至 2015 年期间，服务业对 GDP 的拉动增长了 0.4 个百分点，对 GDP 的贡献率增长了 12.5 个百分点。2015 年，第三产业占 GDP 比重突破 50%，达 50.5%，同期第二产业占比为 40.5%，比第三产业低 10 个百分点。

其次，财政支出持续发力，投融资工具不断创新，预示宏观经济政策思路已经发生明显变化。在经济增长周期的不同阶段，财政政策与货币政策的功效明显不同。经济上行期，货币政策对于通货膨胀抑制效果要明显大于财政政策；而在经济下行期，货币政策对于解决通货紧缩的效果并不明显，而财政政策的效果要明显大于货币政策。针对 2014 年以来出现的货币政策"钝化"现象，2015 年伊始财政政策开始发力，主要是加快部分重点支出预算执行进度。考虑到地方政府融资平台贷款置换地方政府债券力度加大和在建项目政策措施落地，未来一段时间财政政策将继续发挥积极作用。还应指出的是，积极的财政政策还伴随着投融资工具的不断创新，积极创新政府和社会融资模式，PPP、政府投资基金等在实践中不断完善，以往大规模举债的发展方式正逐渐让位于基金投资与债务融资并重，有效引导了社会资本投入重点新兴行业。当前，财政赤字率和政府偿债能力都还处于安全区间，可以适当扩大地方政府发债规模，并支持有条件的地方政府广泛运用 PPP、政府投资基金等吸引社会资本进入政府期望的投资领域及重点支持产业，为地方政府引导产业升级转型提供新的有效手段。

最后，数据显示，以去低端产能、发展高技术新兴产业为特征的工业结构转型升级已经取得突破。高能耗及产能过剩行业微观指标低位运行，直观上看是经济下滑的表现，而实际结果却是宏观政策目标梦寐以求的。六大高能耗行业增速及企业利润增速放缓，虽然拖累了整体工业增速，但也反映出产业结构转型初见成效。钢材、水泥、平板玻璃产量增速持续下滑，部分行业增速由正转负，产能过剩行业持续处在去库存的过程中。纺织、鞋帽类产品出口下行，传统劳动密集型产业出口增速放缓，也从另一个角度显示了中国低端产业产能过剩正在持续改善。与此同时，高技术产业逐渐成为经济增长新动力，工业结构转型升级步伐逐渐加快。2015 年高技术制造业增加值增长 10.2%，比全部工业增加值增速快 4.3 个百分点，占规模以上工业增加值的比重达 11.8%；其中，计算机、通信和其他电子设备制造业增长 10.5%。高新技术企业利润持续高增长，2015 年上半年，计算机、通信设备制造业利润增长 19%，医药制造业利润增长 13.5%，反映出产业结构调整的趋势。从出口产品来看，产品结构持续优化，机电产品、高新技术产品出口增速保持稳健。观察历史轨迹，2005—2007 年，虽然 GDP 高速增长和经济规模持续扩大，但高技术制造业增加值增速呈现下行趋势；而 2012 年以来，高技术制造业增加值的增长速度始终高于 GDP 增速，并没有因为经济下行而改变平稳增长态势。传统产业和新兴产业此消彼长，意味着新旧增长动力逐步转换。与此相适应的是，单位 GDP 能耗降低，进一步说明经济增长方式开始转型。2011 年以来，中国能源利用效率不断提高，单位 GDP 能耗持续下降，尤其是 2015 年同比下降 5.6%，降幅进一步扩大，为 2009 年以来最大降幅，表明中国经济发展产业结构优化，节能降耗工作取得新进展。

当然，从结构上观察部分经济指标也在"变坏"，例如对外贸易疲弱格局没有根本性变化，但对于这种"变坏"也应辩证看待。进出口数据大幅回落，虽然有需求面疲弱的因素在起作用，但大宗商品价格大幅度回落也是重要原因。即使是出口增速出现的结构分化，也不应过分悲观；主要商品进口量稳中有升，考虑到大宗商品价格下跌对进口额的抵消，净出口对经济增长的实际拉动作用更大。也就是说，虽然货币计价表现的进口增速萎缩，但由于大宗商品、铁矿石、能源等价格大幅下降，进口的实物数量仍然保持在较高水平，相当于以较低的价格进口了更多的资源产品，更有利于社会财富的积累。与高峰时期相比，来料与进料加工贸易形式的出口增速下滑最显著，2010 年后基本保持负增长，也可以说是经济附加值较低的出口拖累了出口的整体增速，这并不是一件坏事。而2015 年前 8 个月，高新技术和机电产品的出口增速均较 2014 年回升。同时，随着工业在经济中占比下降以及工业结构转型升级，用电量、货运量等指标与经济增长的关系发生了变化，不能简单凭借用电量及货运量的经验数据来判断经济形势的好坏。在以高端服务业、高端装备制造业为主的地区经济中，完全可以用更少的电、更少的货运和更少的投资来支持较快的高质量经济增长。

此外，我们还应该看到互联网商业模式迅速兴起的革命意义。应该说全社会对已经发生的商业革命的重要性认识还远远不够。商业模式革命不仅对潜在消费需求唤醒实现，提升供给能力具有重要作用，对整个经济运行效率的提升也极具重要作用。中国与西方发达国家的经济发展差距很重要的一点是体现在经济运行效率方面，但近年来这方面的差距明显缩小，商业模式革命无疑起到了重要作用。仅从物流运行效率来看，由于商业模式革命的大力推动，2014年，每百元社会物流总额所耗费的物流费用为4.6元，同比下降0.5元，下降速度加快。社会物流总费用与GDP的比例从2011—2013年的18%左右下降到15.2%，与美国、日本、德国等的差距在1—2年间缩小了近4个百分点。当前，中国社会物流总费用与GDP的比例只比美日等发达国家高约6个百分点。按照这一趋势发展下去，中国物流运行效率将很快赶上甚至超过发达国家水平。目前，中国网络零售交易额市场占比还较低，但发展异常迅猛，2013年网络零售交易额占社会消费品零售总额比重为7.78%，2014年增长至9.39%，2015年进一步增加到12.88%，互联网商业发展空间巨大。继续推动商业革命，推进商业模式演进，对激发中国潜在需求，提升经济运行效率等带来的作用将是革命性的。

二、经济结构调整带来阵痛不可避免，借助市场化"重组升级"策略和政府托底的"再就业计划"可以减轻结构转换痛苦

2012年以来，中国经济结构在市场机制和政府引导下发生了积极而明显的变化，尤其是传统产业低速运行甚至是负增长，高科技行业、战略新兴行业的增速普遍高于 GDP 增速一倍以上，但人们的现实感觉似乎痛苦大于惊喜。原因可能是多方面的。由于高能耗、高污染行业、采矿业、产能过剩行业、低端制造业规模巨大，这些行业在结构调整中持续性低速甚至萎缩性增长，虽然符合市场与政策预期，但也会对 GDP 产生很大的负面影响；高技术产业、高端装备制造业、战略新兴产业和部分服务业虽然总体向好，但其规模远不及前述低迷行业，后者的正向贡献还不足以完全抵消前者的负面影响，因而 GDP 增速下行的压力一直很大，这些可能是主要原因。

首先，观察一二三次产业对 GDP 的拉动及贡献率，工业对于 GDP 的正向影响力正在逐渐减弱。中国经济发展自 2012 年开始步入增速缓慢下行的横向盘整通道（除了个别季度外，大部分时间运行在 7%—8% 区间），而且经济结构变化成为影响经济运行轨迹的主要因素。2012 年第一季度工业拉动 GDP 3.9 个百分点，对 GDP 的贡献率达到 48.8%；2015 年第四季度工业拉动 GDP 下降为 2.1 个百分点，对 GDP 的贡献率下降到 30.4%。而农业对 GDP 的影响基本保持稳定，2012 年以来对 GDP 的拉动维持在 0.2—0.3 个百分点，贡献率稳定在 4% 左右。与此同时，服务业对 GDP 的贡献虽然不断上升，但不足以抵消工业减速的影响。2012 年至 2015 年期间，服务业对 GDP 的拉动增长了 0.4 个百分点，而工业对 GDP 的拉动下降了 1.8 个百分点；服务业对 GDP 的贡献率增长了 12.5 个百分点，而工业对 GDP 的贡献率下降了 18.4 个百分点。

然而，从国际经验来看，工业稳定的意义不容忽视。日本、韩国等经济体在成功跻身高收入国家行列、跨越中等收入陷阱的过程中，虽然服务业占比稳步提高、农业占比逐年下降，但工业占比基本保持在40%左右。与日韩不同，部分拉美国家落入了中等收入陷阱，其GDP结构变动上都有一个共同的特点，那就是在人均GDP达到1万美元的关键期时，工业占比下降过快，形成了所谓的第二产业空洞，导致了经济发展后继乏力。

其次，工业门类虽然齐全，但产业结构低端化，在以工业升级为核心的结构调整中，需要淘汰的落后产能数量巨大，而需要快速发展的先进制造业和战略新兴产业还很幼稚，形成规模产业能力的技术门槛也很高。行业的生命力取决于市场需求，具体观察指标是实现收入的增长速度。深入工业内部来看，中国作为国际公认的工业产业门类最齐全的国家，拥有三大门类、41个大类、700多个小类的工业体系，其中制造业占整体工业收入的近90%。通过对工业所有细分行业的统计分析，2015年收入增速高于9%的行业在整体工业收入总额中占比14%，增速在6%—8%的行业占整体工业收入的21%，增速在0—5%的行业占整体工业收入的28%，而负增长的行业占整体工业收入的36%，尤其是黑色金属、石油、煤炭、电力等行业拉低了整体工业收入，其中钢压延加工累计收入增速–12.57%，而其工业占比高达4.29%。也就是说，增速明显高于GDP的工业细分行业，其体量只占工业总体的14%，而如果将增速在5%以下的都视为低迷增长，则这些行业的体量占到了工业总体的64%，上升行业的增量不足以弥补低迷和衰退行业的"损失"，这可能是许多人感觉经济情况不好的重要原因。比如，通信系统设备制造业2015年1—10月累计增速达到17.6%，是GDP增速的2倍还要多，但是它在整体工业中的占比只有0.79%，对GDP的推动力有限。

最后，以行业小类的颗粒度来观察产业结构调整的变化，可以发现两极分化现象明显，但对就业的影响则明显不同。一方面，高污染、高能耗、传统低端制造业处于萎缩状态。黑色金属冶炼和压延加工业的 5 个子行业 2015 年收入增速均大幅下滑，由于这些行业粗放、低端的特点，"劳动密集型行业"几乎成为其代名词，因而这些困难行业影响的不仅仅是 GDP，更重要的是就业与社会稳定压力。以煤炭开采、钢铁为例，2015 年从业人员年平均人数分别为 442 万人和 362 万人，而 2013 年历史峰值为 529 万人和 415 万人。另一方面，高技术产业细分行业保持强劲增长之势。最具有代表性的高技术行业是电子及通信设备制造。其中，电子通信设备制造领域几大行业持续保持高增长速度，电子工业专用设备、光纤光缆制造、锂离子电池、通信设备制造增速都超过 12%，大幅高于工业整体水平，代表了未来产业升级的方向。先进制造业、高技术行业的最大特点是技术对劳动的替代效应和劳动者进入的高门槛。因而在未来的经济结构调整中，这些行业的发展规模即使填补了淘汰低端粗放行业失去的经济份额，也不可能减轻全社会就业的总量和结构压力。高技术产业吸纳的新增就业很难抵消传统行业"去就业"的压力。

应该说，经济结构转换带来一定痛苦是不可避免的，任何国家和经济体都是如此。但是，怎样降低结构调整痛苦、顺利实现经济增长方式转换，宏观政策上还是可以主动作为的。经济结构调整的核心是经济结构升级，而不是统计意义上的数量结构变化，对于陷入困境的传统产业不能采取简单关停了事，而应尽可能通过兼并重

组与技术改造实现传统产业升级。对于没有重组改造价值的真正
"僵尸"企业，应该让市场来"出清"，政府只需要做好相应的社会
保障即可。从国际经验来看，无论是经济危机时期还是主动的经济
结构调整时期，资产重组、债务重组（包括进入司法程序的破产重
整）都是处理问题企业的基本形式，真正意义上的依法破产清算、
关门走人的方式所占比重并不大。这样操作既有利于减少各方痛
苦，也有利于提高存量资源利用率。

　　还想进一步强调的是，在以产业升级为核心的经济结构调整
中，现有存量劳动供给结构难以满足新经济结构对劳动力的需求，
现有劳动力转岗再就业的压力十分巨大，也十分艰难。政府必须承
担起现有就业人员转岗培训和指导再就业的艰巨任务。有些国际经
验具有一定的参考价值。比如，日本在淘汰落后产能时制定了一系
列法案，主要涉及提供就业信息服务、就业指导和职业培训并提供
补贴，为原企业提供劳动者停业补助和训练费用以延长失业保险金
支付时间，安排失业人员参加公共事业等。美国在处理去产能过程
中的失业问题时，逐步建立起现代的福利制度和再就业培训体系，
其中失业保险制度一方面保障了失业者的基本生活，另一方面增强
了失业预防和促进再就业的功能。韩国在亚洲金融危机之前建立了
就业保险制度，主要包括失业保险制度、稳定就业计划和职业技能
发展计划三个方面。德国从 2006 年开始启动"50+"行动计划，就
是为了解决 50 岁以上的大龄人员的就业问题，扶持他们从第一、
二产业转入服务业。该计划的主要内容包括："复合工资"项目，
政府对愿意接受少于失业前工资工作的大龄人员给予一部分工资
补助；政府额外免除该老年人两年内 90% 的养老保险缴费；雇用大

龄人员的企业也将获得政府发放的 1—3 年的补贴费用，津贴补助大概为工资水平的 30%—50%；大龄人员离岗回家照顾一位老人，政府支付约 30% 工资，照顾非亲老人则支付 50% 工资。这一计划效果明显，将大龄人口的就业率提升到了 55%。这些经验都值得我们认真研究借鉴。

三、最先受到金融危机冲击的东部地区正在走出阴影，以杭州为代表的区域产业升级趋势正在确立

为了深入观察中国经济是否发生了结构性变化，我们还收集分析了杭州地区的经济结构变化情况，从中观经济层面证实了前述宏观判断。

改革开放以来，浙江地区的经济状况几乎成为观察预测中国经济的"领先指标"，杭州地区的经济数据尤其具有代表性，滞后期大约为两年左右。2012—2014 年，杭州经济转型和结构调整趋势明显，以互联网为核心的新产业、新技术、新业态、新模式、新产品不断涌现，经济向中高端迈进的势头明显加快。产业演进呈现由传统经济转向新兴产业为主导的趋势，信息（智慧）经济成为推动杭州经济升级的有力支点，城镇化率稳步提升。2015 年，杭州成为全国第十个 GDP 总量跨越万亿元的城市，同比增速为 10.2%，在副省级以上城市中排名第二。值得注意的是，2015 年杭州是在固定资产增速仅为 12.3%、工业增速仅为 5.5% 的情况下实现了两位数的经济增长，体现了结构转型取得的良好效果。

一是三次产业结构变化明显，表明经济转换正在逐步推进。

2014 年，杭州地区三次产业结构由上年的 3.1 ： 42.6 ： 54.3 调整为 3.0 ： 41.8 ： 55.2，第三产业比重逐年提高且增速较快。第三产业中，信息软件业是拉动服务业增长的主要动力，2014 年信息软件和信息技术服务业实现增加值占比从 2012 年的 5.9% 提高到 10.4%，提升 4.5 个百分点，特别是其增长速度 2014 年达到 33.7%，较上年加快 10.1 个百分点。此外，居民服务业和文体娱乐业也实现了较快发展，虽然这两个产业比重较低，2014 年占比分别只有 1.2% 和 1%，但其增长速度较快，分别达到 19.6 和 16.6%。同时，第三产业中有 8 个行业的增长速度低于整体 GDP 增速，特别是批发零售业和房地产业的增速仅分别为 0.8% 和 1%。

二是新兴产业快速发展，已经形成势头。电子商务、信息软件、文化创意、旅游休闲、金融服务、先进装备制造业、物联网、生物医药、节能环保、新能源作为杭州的十大新兴产业，2014 年实现增加值比上年增长 12.3%，增幅高于全市 GDP 增速 4.1 个百分点，占全市生产总值比重由 2012 年的 45% 提高到 48.6%，可见十大新兴产业增长明显，对于 GDP 的贡献度也逐年上升。其中，电子商务的增速高达 30.1%，占 GDP 比重也由 2012 年 3% 提升至 6.1%，此外信息软件、生物医药、文化创意、物联网和旅游休闲的增速也在 10% 以上。

从高端装备制造业情况来看，近年来杭州高端装备制造业在复杂多变的国内外环境下增速明显。2014 年规模以上装备制造业企业全年实现利润增长 11.94%。其中，汽车制造业，电气机械和器材制造业，计算机、通信和其他电子设备制造业利润分别增长 36.82%、16.41%、15.66%。

从信息产业情况来看，2014 年信息经济产业实现增加值同比增长 18.3%，占 GDP 的 18.14%。其中，电子商务产业实现增加值增长 30.1%；云计算与大数据产业增加值增长 13.4%；物联网产业增加值增长 15.9%；互联网金融产业增加值增长 13.6%；智慧物流产业增加值增长 11.4%；数字内容产业增加值增长 19.2%；软件与信息服务产业增加值增长 18.4%；电子信息产品制造产业增加值增长 11.2%；移动互联网产业增加值增长 28.7%；集成电路产业增加值增长 12%；信息安全产业增加值增长 15%；机器人产业增加值增长 5.6%。2015 年前三季度继续保持高速增长态势，实现增加值同比增长 25.1%，其中云计算与大数据、移动互联网、电子商务、软件与信息服务四大产业分别增长 29.4%、36.7%、34.3% 和 31.5%。

从医药产业情况来看，2014 年规模以上医药工业企业资产同比增长 20.25%；资产负债率同比下降 8.38%；全部从业人员同比增长 16.05%；完成销售产值同比增长 16.54%；完成主营业务收入同比增长 15.49%；完成出口交货值同比增长 16.21%；实现利润同比增长 39.31%。

三是低端产业持续萎缩，GDP 痛感明显，但必须承受。处于困境的行业基本上都是低端产业，主要集中在增长速度低于 GDP 增速甚至负增长的落后产业，在浙江省则表现为一些产能过剩、生产率低的产业，在杭州地区集中在采掘业、石油加工业、造纸和纸制品业、化学纤维制造业、印刷和记录媒介复制业等，这些产业有的几乎没有增长，有的甚至负增长，占 GDP 比重也逐年下降，从 2012 年的 20.91% 下降到 2014 年的 12.13%，说明杭州地区的经济转型取得了明显的效果。一些产能过剩、生产效率低、劳动密集型的产业在杭州地区逐渐被淘汰，困难产业的比重逐年降低，虽然会在短期内压迫 GDP，但我们必须承受。

四是出口结构正在调整，对于国际竞争力不必过分悲观。一是一般贸易占比提升、贸易方式更加优化。2013 年、2014 年、2015 年 1—10 月，一般贸易出口占出口总额比重分别为 78.88%、81.91% 和 84.83%，比重逐年提升；而同期加工贸易出口占出口总额比重分别为 18.71%、17.09% 和 14.77%，比重逐年下降。二是民营企业占比提升、外贸主体结构更趋合理。2013 年、2014 年、2015 年 1—9 月，民营企业出口占出口总额比重分别为 59.54%、61.73% 和 64.45%，民营企业出口占比已超六成且比重逐年提升；而同期外资企业出口占出口总额比重分别为 34.19%、32.30% 和 29.06%，外资企业出口比重逐年下降且在 2015 年持续负增长。三是机电高新技术产品出口占比提升、商品结构进一步优化。2013 年、2014 年、2015 年 1—10 月，机电产品出口占出口总额比重分别为 40.81%、42.63% 和 42.80%，同期高科技产品出口占出口总额比重分别为 10.85%、12.92% 和 13.24%，而传统行业中服装出口增速缓慢、纺织出口连续两年出现负增长。四是随着不同国家和地区的经济变化情况，对美国出口保持良好态势，但对欧盟，日本等地出口低迷，对东盟出口增长较快而其他新兴市场表现相对疲软。

最后，消费正在成为经济增长的主要动力源。消费占 GDP 的比重逐年上升，由 2012 年的 37.59% 上升至 2014 年的 45.64%，每年增长 3.5% 左右，说明消费已经是拉动 GDP 增长的重要源泉。消费的比重不断扩大，符合经济转型发展的预期。

基础消费增长格局正逐渐走出"三公"限制和汽车限购带来的影响，刚性消费形成了较强的支撑力，社会消费品零售额增长缓中趋稳。2012—2014 年实现社会消费品零售额年均增长 16.2%。从 2014 年当年来看，虽然社会零售消费总额增长 8.7%，是"十二五"以来首次个位数增长，但若扣除汽车类（杭州 2014 年开始实行限号）零售额，全市社会消费品零售额增长 12.0%，粮油、饮料、服装、纺织品等增长 12.8%，说明日常基础消费增长仍然坚实。新型消费模式引领增长，2014 年，杭州市全年实现网络零售额增长 37.0%，占全省 37.0%，占全国 7.4%。

四、传统制造业基地实现结构转换并非天方夜谭，青岛提供了一个可供借鉴的经济升级模式

青岛是中国重要的制造业中心，金融危机之后也曾经面临经济结构转换的迷茫与痛苦。2012 年以来，青岛紧紧抓住全球经济转型的战略机遇期，依托传统产业基础着力推动经济结构转型升级，加快发展现代工业产业链及七大战略性新兴产业，一个现代制造业中心的新格局日益清晰。

一是用现代工业产业链布局思路实现整体工业升级。2012 年，青岛市发布《关于加快发展青岛市工业十条千亿级产业链的实施意见》，打造了家电、石化、服装、食品、机械装备、橡胶、汽车、轨道交通、船舶海工、电子信息等 10 条千亿级产业链。十条千亿级产业链规模以上工业企业总产值从 2011 年的 9 532 亿元增长到

2015 年的 1.3 万亿元，年均增长 10.5%，占全市规模以上工业企业总产值的比重为 75%，较上年提升 10 个百分点，为优化产业结构、推动全市经济平稳增长发挥了重要作用。2013—2015 年，机械装备产业链三年平均增速 13.4%；食品饮料产业链三年平均增速 8.56%；轨道交通装备产业链三年平均增速 44.77%；电子信息产业链三年平均增速 9.28%；船舶海工产业链三年平均增速 17.99%。

二是优先扶植七大战略性新兴产业，包括高端装备制造、新一代信息技术、新材料、生物、节能环保、新能源及新能源汽车等七大战略性新兴产业。2015 年，规模以上工业中战略性新兴产业实现总产值 3 490.2 亿元，2013—2015 年平均增速 19.36%，占规模以上工业总产值的比重提升至 20%。

——高端装备制造。重点围绕航空航天、海洋工程装备、高端智能装备类等。2015 年，高端装备制造规模以上工业实现总产值 1 407.6 亿元，2013—2015 年平均增速 24.96%。

——新一代信息技术。重点围绕物联网、三网融合、新型平板显示、高性能集成电路和高端软件类等。2015 年，新一代信息技术产业工业实现总产值 968.7 亿元，2013—2015 年平均增速 9.5%。

——新材料。重点围绕特种功能和高性能材料类等。2015 年，新材料规模以上工业实现总产值 641.2 亿元，2013—2015 年平均增速 18.1%。

——生物。重点围绕生物医药、生物农业、生物制造类等。2015 年，生物医药规模以上工业实现总产值 225 亿元，2013—2015 年平均增速 28.65%。

——节能环保。重点围绕高效节能、先进环保、循环利用等。2015 年，形成龙头企业突出、配套体系完善的节能环保产业，规模以上工业实现总产值 120.1 亿元，2013—2015 年平均增速29.35%。

——新能源。重点围绕风能、核能、太阳能、生物质能源等开发需要，构建新能源装备制造体系。2015 年，新能源产业形成规模，规模以上工业实现总产值 104.1 亿元，2013—2015 年平均增速42.5%。

三是经济结构调整推动了对外贸易结构转型升级。2012—2014年，青岛一般贸易出口额持续较快增长，平均增速为 11.0%，占全市货物出口比重由 2011 年的 50.1% 提高到 2014 年的 59.9%；同期，加工贸易出口受国际需求下降影响，仅 2014 年同比增长 5.5%，其余均同比下降，占全市货物出口比重由 2011 年 45.1% 降低为35.2%。2014 年，机电产品和高新技术产品出口同比增长 17.6% 和42.1%，拉动出口增长 9.1 个百分点；2015 年上半年，机电产品和高新技术产品出口同比增长 13.7% 和 35.3%，占货物出口总额的比重由 2011 年的 37.8% 和 9.2% 提高至 43.6% 和 10.7%，拉动出口增长 8.2 个百分点。高科技产品出口已占青岛出口的一半以上，其强大而快速的增长说明了青岛出口竞争力的有效提升，彰显了产品结构调整激发的蓬勃旺盛的内生发展动力。

四是高端服务业在经济转型中扮演重要角色。青岛市服务业增加值由 2011 年年初的 2 630.6 亿元增长到 2015 年的 4 909.6 亿元，经济总量是 2011 年年初的 1.87 倍。5 年间，全市服务业增加值年均增长 14.0%（现价），服务业增加值对全市经济增长贡献率达60%。全市第三产业比重也由 2011 年年初的 46.4% 提升至 2015 年的 52.8%，提升 6.4 个百分点。

2015 年，全市规模以上服务业企业 10 个行业门类中有半数行业同比增速达两位数，分别是：租赁和商务服务业（29.9%），居民服务、修理和其他服务业（23.5%），物业管理和房地产中介服务（12.2%），水利、环境和公共设施管理业（10.5%）与科学研究和技术服务业（10.4%）。尤其值得一提的是，近两年来青岛积极推动财富管理金融综合改革试验区建设，全力打造面向国际的财富管理中心城市，金融业实现跨越发展，逐渐成为国民经济中的支柱产业。2015 年青岛金融业实现增加值总量是 2011 年年初的 2.4 倍，金融业增加值占 GDP 比重达到 6.3%，比 2011 年年初提升了 2 个百分点。金融业增加值年均增速 16.3%，高于同期 GDP 年均增速 6.2 个百分点。

五、产业结构升级中要前瞻性地防止"好商品也卖不出去"的经济萎缩风险

一般来说，如果经济持续下行，受需求不足因素的影响，低端商品首先面临市场销售困难，尤其是经济过热时期存在于市的质次价高商品，更是无人问津。应该说这种经济下行时期出现的低端商品销售难是必然的、不可避免的，大可不必大惊小怪，政府不要干预，也没有必要干预，应该顺其自然，让市场充分发挥调节作用。但如果经济处于既不是上行期，也不是下行期，而是结构转换时期，则会出现低端商品不好卖、好商品也不好买同时并存的问题。这实际是一种需求结构升级、供给结构调整滞后带来的结构性供求

失衡问题。这种卖难与买难并存也是好事，既是经济结构调整的必要条件，也是难得的经济升级机遇。深入观察世界经济，我们还会发现另外一个现象，如果经济持续下行，或者经济转换期拉得很长，会出现好东西也卖不出去的情况。而一旦这种情况普遍发生，则意味着经济步入萎缩或衰退期，这是大家最不愿看到的事情，因而也是企业家和宏观政策制定者应该提早预防的。中国目前正处于这样一个特殊的时期，面对卖难与买难的现实矛盾，既要依靠市场机制，坚决淘汰低端落后产能，又要发挥政府和市场的双重作用，鼓励和升级高端与先进制造业，同时还要警惕经济升级中可能出现的好商品也卖不出去的问题，前瞻性地应对真正意义上的经济萎缩风险。

必须前瞻性地重视好商品也难卖的问题。虽然在市场经济条件下出现卖难是很正常的，但也要区分是什么性质的商品出现卖难。如果是假冒伪劣商品出现卖难，这是好事；如果仅仅是低端商品出现卖难，说明需求在升级，进而可能推动经济升级，也不是坏事；但如果市场上出现了大量的好商品过剩、销售困难，则需要高度警惕。从国际经验来看，如果个别好商品在市场上出现销售困难，原因虽然很多，但主要表现为微观问题；如果大量的好商品普遍出现销售困难，可能就不是简单的微观问题，意味着经济危机即将或者已经发生。

在微观层面，企业家树立正确的商品观很重要。我们过去一直以为好商品肯定是技术含量高、质量可靠、经久耐用。然而这样的产品就一定是好商品吗？如果这样，为何技术与品质都很好的索尼家电一再陷入困境？20 世纪 90 年代世界上最为先进的美国铱星公司也会破产？为何当下许多技术一流、质量一流的产品，在市场上却屡屡遭遇滑铁卢？这些看似不可理解，实则不难理解，背后深刻隐含着什么样的产品才是好商品的大学问。好产品设计必须"以客户为中心"，充分考虑客户体验。产品是为人服务的，产品只有被消费者认可才有市场生命力，才实现其物化的价值。客户的体验和认同无疑是判断好产品的最高准则，是产品成功的终极标准。只有客户认同高、消费体验好的产品才能成为有效供给。索尼家电之所以萎缩颓废，与其过于偏执技术、忽视客户体验有很大关系。因此，要防止片面从技术和质量方面理解好产品；好产品不能"自我认定、孤芳自赏"。好产品也要跟上客户需求变化，不断创新、改进和完善。今天即使是好产品，也不能保证明天仍然具有足够的市场吸引力，如果客户需求变了，产品创新没有跟上，照样会被市场淘汰。客户需求是不断变化的，80后、90后，尤其是00后的个性化需求非常强，盛极一时的摩托罗拉、诺基亚、超级解霸等当时的精英产品最终被市场踢出局，就是最好的诠释。

如果商业模式僵化，虽然是真正的好商品也会出现卖难。在市场经济条件下，供需信息不对称是始终存在的，制约着经济运行效率。即使是真正意义上的好商品，如果商家找不到顾客，消费者不知道在哪里能买到心仪的商品，好产品"待在深闺人不识"，"皇帝的女儿也愁嫁"。因此，大力发展电子商务，持续推进商业模式变革，有助于破解"好商品难卖"难题。近年来通过政府和民间共同努力，电子商务快速发展，商业模式变革持续推进，保持了商业革命在全球领先的势头，对于解决买卖双方信息不对称、缓解"好商品难卖"问题，起到了重要作用，对帮助中小企业、"三农"等领域实现"好产品、好销售"尤为重要。

"物美"还需价廉相配合，降低产品成本的根本途径是技术进步。好产品也要有价格竞争力，不能什么都好，就是价格太高，大家都买不起。如果这样，"好产品"也只能最终束之高阁，无人问津。铱星失败的重要原因之一就在于它的价位太高。一般而言，产品质量好、技术含量高，其生产成本也会较高。从全球经济发展趋势来看，发展中国家的人口红利、廉价劳动力的低成本优势并不具有可持续性，技术进步才是实现产品成本不断降低的根本途径。政府部门应该通过结构性税收政策引导企业加快设备技术更新与产品研发投入。

解决消费者对好商品的信任危机，政府责无旁贷。由于市场监管缺位，消费者权益得不到有效保障，欺诈、假冒、伪劣、侵权等不法市场行为频发，引发了消费者对好商品的信任危机。其后果之一便是大量消费转移到了境外，如近年来国人大量抢购境外的奶粉、药品、化妆品，甚至马桶盖、电饭锅等。因此，政府在转变职能、减少审批、"做减法"、力戒"乱作为"的同时，还要学会"做加法"，及时主动作为，通过严格技术标准、知识产权保护，完善商品质量监督体系，强化市场监管，加大对假冒伪劣产品打击力度，恢复消费者对于"好商品"的信任与信心。只有不断完善标准、严格监管，强力保护知识产权，才能消除消费者对好商品的疑惑与信任危机。

前瞻性应对通货紧缩风险，在采取更加积极的财政政策的基础上，货币政策也应适度灵活。近年来，全球范围的通货紧缩形势日益严峻，不仅发达国家的好商品普遍销售困难，新兴市场经济体甚至中国也出现了好商品难卖问题。国际经验表明，在通货膨胀时期货币政策可以起到较好的"降温"作用，实施紧缩货币政策可以有效降低通货膨胀率；但在通货紧缩甚至经济持续下行的条件下，单靠货币政策很难实现经济增长复苏，财政政策在应对经济下行和通货紧缩的特殊阶段起到的作用更大。实践也充分证明，在艰难的经济恢复时期，积极的财政政策能够引导企业投资和居民消费，是摆脱经济持续下行、避免通货紧缩结局的重要政策选择。货币政策既要考虑币值与汇率稳定，还要充分考虑经济增长与就业，尽快降准进而推动市场利率下行，引导投资预期，应该成为货币政策制定者积极研究的选项，不能无视经济趋势与市场需求。

注：

① 概括学界观点与市场分析报告，人们对中国改革开放以来经济增速表现，大致有以下评价：GDP 增长 10% 以上为超高速，8%—10% 为高速，6%—8% 为中高速，4%—6% 为中速，2%—4% 为中低速，0—2% 为低速，低于 0 则为经济萎缩。

② 关于中国经济泡沫（GDP 水分、房地产泡沫）、金融泡沫（广义货币供应量过大、杠杆率过高、影子银行风险）的争议很多。实事求是地说，一些研究生员关注的这些问题是存在的，但是与 2012 年之前相比已经明显好转，我们看到的压力主要集中在部分业务领域和个别区域。

责任编辑：曹　春
装帧设计：木　辛　汪　莹
责任校对：吕　飞

图书在版编目（CIP）数据

经济升级的大国思维 / 黄志凌 著 . —北京：人民出版社，2016.9
ISBN 978 - 7 - 01 - 016696 - 4

I.①经…　II.①黄…　III.①中国经济－经济发展－研究　IV.① F124

中国版本图书馆 CIP 数据核字（2016）第 219073 号

经济升级的大国思维

JINGJI SHENGJI DE DAGUO SIWEI

黄志凌　著

人民出版社 出版发行

（100706　北京市东城区隆福寺街 99 号）

北京盛通印刷股份有限公司印刷　新华书店经销

2016 年 9 月第 1 版　2016 年 9 月北京第 1 次印刷
开本：710 毫米 × 1000 毫米 1/16　印张：17.25
字数：192 千字

ISBN 978 - 7 - 01 - 016696 - 4　定价：50.00 元

邮购地址 100706　北京市东城区隆福寺街 99 号
人民东方图书销售中心　电话：（010）65250042　65289539